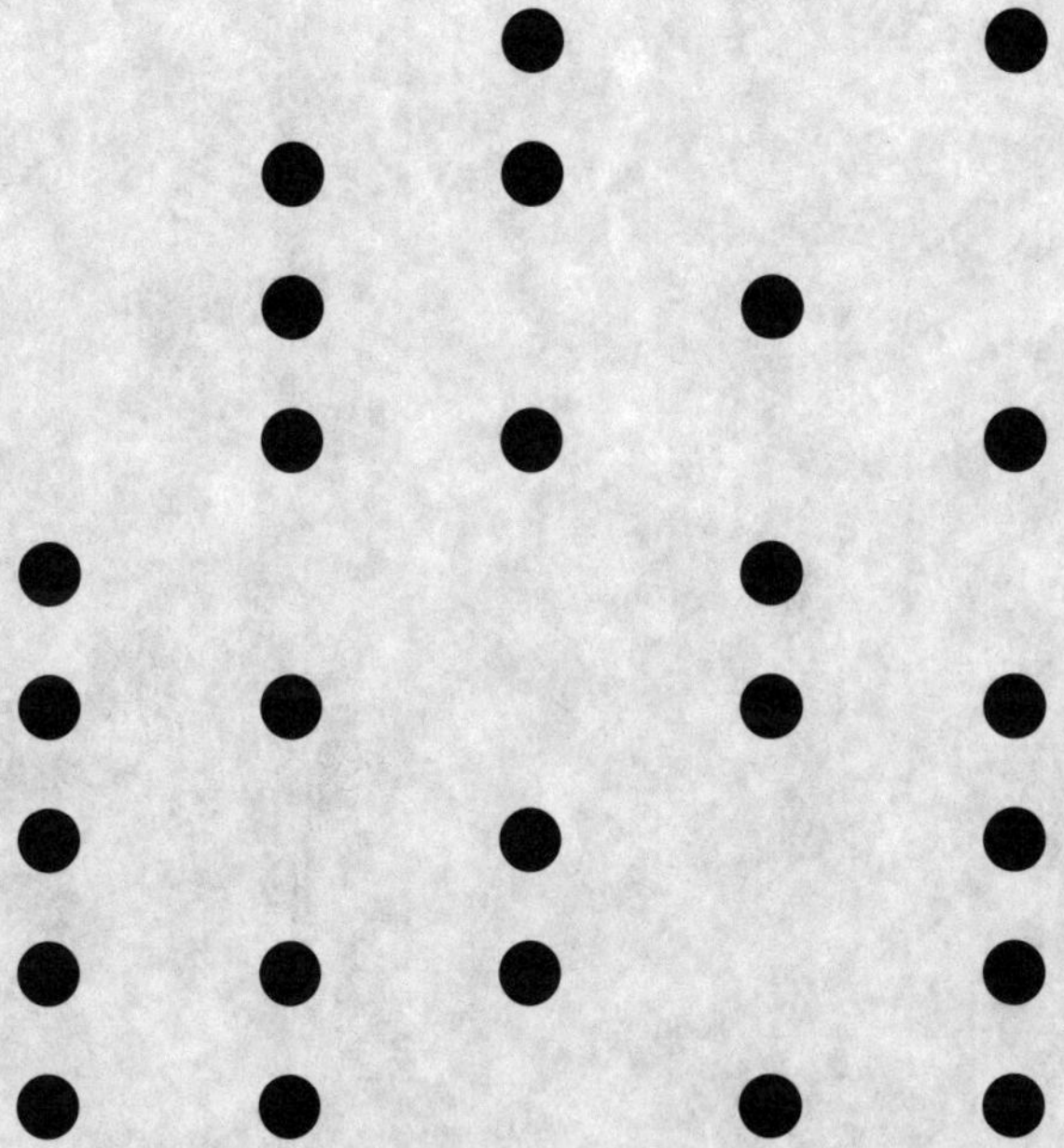

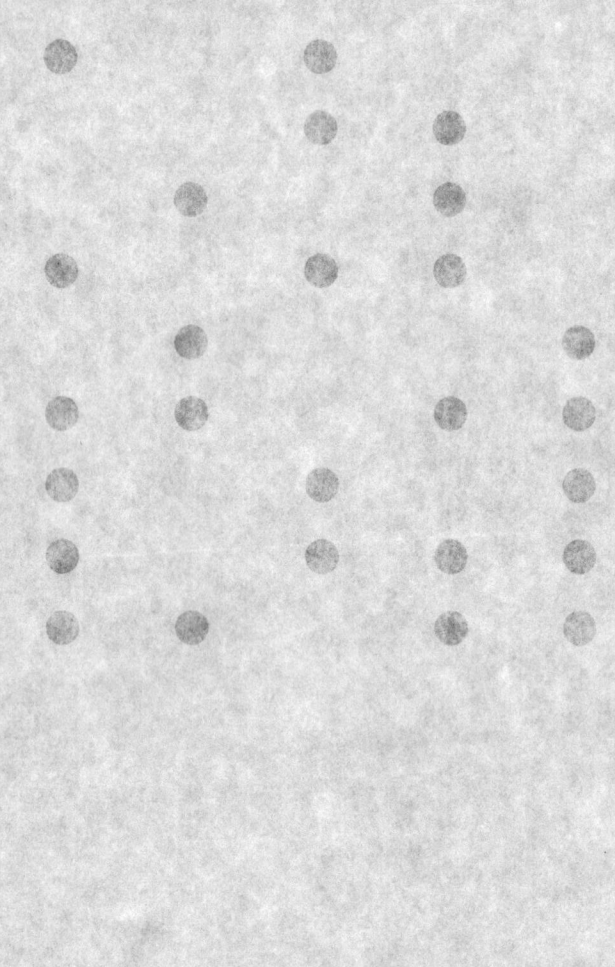

文章は
写経のように書くのがいい

香山リカ

はじめに

冒頭から自分の話になってしまうが、雑誌のインタビュー記事などについている私のプロフィールには、必ずこんな言葉が書かれている。

「精神科医として臨床のかたわら、学生時代より始めた執筆活動を続け……」

執筆活動。

じっとこの四文字を見ていると、「これってどんな活動なんだ?」と、ときどき不思議な気分になってくる。「活動」というのは元来、何らかのアクションやはっきりした目的を持った行動を指すはずだ。だから、抗議活動とか救助活動とかいうならわかりやすいが、机に向かってひとり行う執筆を「活動」と呼ぶのは、どこか無理がある。

しかし、「学生時代より執筆を続け」というだけでは、意味も目的もなくひたすら何かを書いているだけのような印象も受けてしまう。かといって完全なプロの作家なら、「今日も執筆活動」とは言わず「今日も仕事」あるいは「今月は小説の執筆に集中」などと言いそうな気もする。

ネットを眺めてみても、仕事ではないが完全に私的なおしゃべりではない執筆、文学ではないが何らかの創造的なものである執筆を、「執筆活動」と呼ぶ場合が多いようだ。たとえば、ある公認会計士がブログを開設するときに冒頭に掲げていた次のような文章を見ても、そのことがわかるだろう。

「今日からいよいよ執筆活動を開始します！　楽しく読めてかつ役に立つような文章を日々アップしていく予定ですので、よろしくお願いします」

私の場合も、作家ではないがただ趣味で自分のために書いているというわけでもないので、編集者も苦肉《くにく》の策で「医者のかたわら執筆活動を行っている」などといった表現を使うのかもしれない。

ではそもそも、私が病院での診療に加えて、文章を書く仕事を始めたのはなぜだったのか。ときどき、「子どもの頃から書くことが好きだったのですか」とか「もしかして、作家になりたかったんじゃないですか」などときかれるが、それは違う。私の場合、答えははっきりしていて、それは「運動ができないから」なのだ。

小学生の頃は、クラスのヒーロー、ヒロインは、何といってもスポーツが得意な子どもだ。実際に先日、出席した小学校のクラス会でも、みんなの話題は「ターちゃんはキャッチャーで四番バッターだった」とか「マミはリレーのアンカーで四人抜いた」とか、スポーツに関することばかり。

私は運動能力がきわめて劣っていたので、運動会や球技大会ではいつも笑いもの、チームのお荷物になるような存在だった。少しくらい勉強ができたとしても、子どもたちにとってはそれはほとんどどうでもいいことだ。今でも、クラス会では誰も、「リカは国語であてられたとき、主人公の気持ちをバッチリ言い当てたよね」などとは言ってくれない。

スポーツでまったく目立てない、自分をアピールできない私は、何かほかに「これぞ自分」ということを探さなければならなかった。歌がうまい、バレエが踊れる、器用に編み物ができる、などという特技があればまだいいのだが、悲しいことにそれらもできない。そこで残ったのは、「読み書き」だけだったのだ。

私は決して読書好き、作文好きの子どもではなかったが、「もうこれしかない」とばかりに、友だちが校庭でサッカーなどに興じるのを横目で見ながら、教室で本を読んだりノートに何か書いたりする子どもになっていった。「それが今の仕事につながっているんだから、いいじゃない」と言う人もいるが、いまだに私は、もし自分にゴルフやテニスができるなら、今日からでもそちらを始めたいと本気で思っている。そういう意味では、「書くこと」は私にとって、「これなら何とかできる」という数少ない〝よりどころ〟であり、それを通して自分をアピールし、人とつながるための貴重な手段なのである。「書くこと」が持つこうした性質については、また後の章（エピローグ）で述べてみたい。

さて、このへんで私自身の話から離れ、もっと広い視野で考えてみよう。人類がこのプロともアマともつかない「執筆活動」なるものを始めたのは、いったいいつのことだったのだろう。

高校の歴史の教科書にもあるように、人類最古の文字はシュメールで生まれたといわれる。シュメール人が書いたといわれる『エンメルカルとアラッタ市の領主』という叙事詩の中には、この文字の誕生をめぐる次のような神話が出てくる。

古代メソポタミアの王・エンメルカルが、金属細工や工芸品で知られた都市アラッタを征服しようとした。アラッタはウルクから七つの山を越えたエラムにあったので、エンメルカルは降伏を勧告する使者を立てた。ところが、その使者はエンメルカルの長大な言葉を覚えることができず、その口は重く、何度練習しても復唱できなかった。

そこでエンメルカルは、粘土板をきれいに整え、言葉をその粘土板の上に置いた。使者はアラッタに到着し、粘土板を読み上げた。

「これは我が主人が語った言葉である。これは彼の言葉である。……光り輝く王、支配者であるウトゥ神の息子エンメルカルは私にこの粘土板を与えた。アラッタの領主よ、この粘土板を調べ返答を述べられよ」

この言葉に従い、アラッタ市はエンメルカルに占領されることになったのだ。

この神話に従えば、文字や書き言葉は最初からちょっとした記録やメモのためにではなく、長文を正しく覚え、伝えるために生まれたということになる。

しかしもちろん、最初の文字はもう少し現実的な記録のために作られた、という説もある。捕れた獲物の種類や量、あるいは物々交換の記憶をきちんと記録しておくために文字が作られた、というこの説のほうが、考古学的には有力といわれている。このあたりは、小林登志子氏の『シュメル——人類最古の文明』(中公新書、二〇〇五)に詳しい。

文字や書き言葉は、最初から熱い思いを伝えるために作られたのか、それとも記録の必要性から生まれたのか。シュメール人が粘土板に書き記していた行為は、ただの「記録」「執筆」なのか、それともそこには早くも「執筆活動」と呼ぶべき創造性の萌芽《ほうが》が見られたのか。

そのどちらが正しいのかをここで議論しても、始まらない。

ただいずれにしても、このように誕生をめぐっても「文学的理由説」と「現実的理由説」というかなりかけ離れたふたつがあるということじたいが、そもそもこの「書く」という行為の複雑さ、面白さをよく表している。

よく考えれば、「書く」という行為が持っている複雑さはこれだけではない。

書くのは、自分のためか、誰かのためか。

書くのは、頭を整理するためか、たまったものを吐き出すためか。

書くことで、気持ちは高ぶるのか、落ち着くのか。

おそらく正解はどちらかひとつではなく、「どちらも正しい」のだろう。「書く」ということは、まったくもって厄介《やっかい》ではっきりしない行為なのだ。シュメール人の時代から何千年たっても、私たちは「書くとは何か、何のために書くのか」という問いに答えを出せずにいるのである。

しかし「書く」というのはかくも複雑で、意味も目的も動機もはっきりしない行為だからこそ、人はこうやって飽きることなく書き続けてきたともいえるはずだ。

「書く」という行為が持つこの一筋縄《ひとすじなわ》ではいかない不思議な性質を利用しながら、私たちの心をよい方向に持っていったり、問題を解決して眠っている潜在能力を刺激したり、対人関係をスムーズにしたりするのに役立てることもできるはずだ。これから、書いて癒《いや》される、書いて人間力をパワーアップさせる「文章セラピー」について、具体的な例をあげながら解説していくことにしよう。

文章は写経のように書くのがいい

もくじ

1章
そもそも何のために書くのか

「自分メディア」にとらわれすぎない

文章を書くことでいちばん大切なのは、やはり「何を書くか」ということである。書店に行けば、「どう書くか」について指南したいわゆる文章術や書き方の本はたくさん出ている。文学の名作が大きく薄い字で印刷された上を鉛筆でなぞることで、心を癒しつつ、ついでに著名作家の文体や文のリズムについても学ぼう、といった本が多数、出版され、人気を集めている。

しかし、そういった文章術の本をいくら読んでも、名作を何作なぞっても、いざ自分で何かを書こうとすると戸惑《とまど》ってしまう、という人もいるのではないだろうか。それは、文章術の本は「何を書くか」という内容までは、教えてくれないからだ。『おくのほそ道』を暗記するほどなぞったとしても、あれは松尾芭蕉の旅の記録であり、「さて、私も」と思ったところで、してもいない旅の文章を書けるわけではない。

では、いったい何を書けばいいのか。

ベストセラーを連発している経済評論家・勝間和代さんは、自分流の読み方・書き方について率直に語った『読書進化論』（小学館101新書、二〇〇八）の中で、書いたことのない人はまずブログを書くことから始めてみては、と勧めている。「でも、そのブログにも何を書いてよいのやら」と言う人に対して、勝間さんはこう言う。

ブログの文章に求められるものは、日常的に書いているメールの延長だと思えばいいのです。

しかし、メールを書くように日々、なんとなくブログを書いているだけでは、文章は進化しない。とくに「そのうち本でも」と思っている人は、自己満足のようなブログだけではその先の展開が見えなくなってしまう。そういう人に対するもう一歩、進んだアドバイスは次のようなものだ。

著者にとってより大事なことは、「何を書くか」というコンテンツ探しです。
それでは、どのようにして、人に面白いと思ってもらえるようなコンテンツを手に入れるのでしょうか。私はよく「自分メディア」という表現をしています。相手に伝えたいものを得るには、自分で体験するか、人に聞くか、本で読むか、この3つしかありません。しかも、人に聞いたり本で読んだりした体験は、いったん自分の体験に落とし込まないと、借り物の体験のままで、咀嚼《そしゃく》できず、人に聞かせてもまったく面白くありません。

つまり、勝間さんのいう「自分メディア」とは、自分をメディアとしてこれまでの経験をコンテンツとして蓄積し、テーマに応じてその中から引き出して組み立て、アウトプットする、ということなのだろう。勝間さんは、「ブログや本は、著者にとっては、著者の体験してきたフレームワークを伝えるための増幅器」という表現も使っている。

そういう意味で、ユニークな旅で体験や俳句という作品を蓄積し、その後、そのコンテンツを自分なりに編集して紀行本としてまとめた松尾芭蕉も、まさに「自分メディア人間」といえる。

とはいっても、そう聞くと多くの人は、「やっぱり自分には書くことなどできない」と失望するのではないだろうか。

なぜなら、ほとんどの人は松尾芭蕉のような旅をした経験もなければ、勝間さんのようにマッキンゼーなどの外資系企業でコンサルタントをした経験もないからだ。

ただ、ここでひとつ、気をつけなければならないことがある。

それは、勝間さんの書き方指南は、あくまで「売れる本の著者になりたい人」のためのものだということだ。なぜ、仲間うちのブログで満足していてはいけないのか。それは、文章が進化しないからだ。では、なぜ文章を進化させなければならないのか。それは、そんなブログでとどまっていては、とても出版化にはこぎつけられないし、ましてやそれがベストセラーになる、などということは考えられないからだ……。

こう書くと、勝間さんが「売れること」だけを考えているように思われるかもしれないが、それは短絡《たんらく》的すぎるだろう。勝間さんのようなパワフルな女性にとって停滞や退化は罪であり、何かをするときは必ず成長、進化、発展しなければならない。それが生きる上での信条なのだ。そうなると、書くことの先には必然的に出版化、それもベストセラーの本を出す、というゴールが待っていることになる。

松尾芭蕉は編集の達人

では、松尾芭蕉はどうなのか。彼は風流な俳人なのだから浮世《うきよ》離れしていて、まさか売れる本を書くために旅に出たわけでもなかろう……と思いがちだが、それはちょっと違うようだ。

芭蕉は趣味で俳句を作っていたわけではなく、弟子からの指導料などで生活する俳諧師《はいかいし》と呼ばれる職業俳人であった。プロの俳人になるために故郷の伊賀上野から江戸に出てきて、いわゆる自費出版をしたり、京都から来た先輩の俳諧師・高野幽山《たかのゆうざん》の秘書的な仕事をしたり、といわゆる〝就職活動〟に励んでいた時期もあったようだ。ようやく俳諧師として自立できるようになるまでには、九年ほどの年月がかかったという。

芭蕉が旅の生活をするようになったのは、こういった商業的な活動にイヤ気がさしたから、という説もあるが、一度は「早く売れたい」と思ったこともあるからには、その後の紀行本なども読者や弟子を意識した作りにならざるをえなかったのではないだろうか。そういう意味で芭蕉はやはり、プロ意識も高く、蓄積された情報も多い「自分メディア型」の書き手だったと言えよう。

ありとあらゆるジャンルの一〇〇〇冊にも及ぶ本が丹念にかつ独創的に論評されている松《まつ》岡正剛《おかせいごう》氏の『千夜千冊』（求龍堂、二〇〇六）でも、松尾芭蕉は「編集術」の名人と紹介される。中でも『おくのほそ道』は「この紀行文はあとでいろいろ編集構成されたものであって、いくつも事実とは異なっていた」のだが、やはり編集の達人である松岡氏は「むしろぼくならば、編集構成の手を加えない『おくのほそ道』など、芭蕉すら読む気がしなかったろうと言いたい」と、その編集手法を高く評価している。

芭蕉は、文章のみならず自作の句にも繰り返し手を入れている。たとえば、よく知られる「暑き日を海に入れたり最上川」の句は、最初は「涼しさや海に入れたる最上川」であり、次に「涼しさを海に入れたり最上川」になった後、「暑き日を……」になっている。松岡氏はこれまたプロの編集術のなせる技、だとして次のように言う。


われわれにとって多少とも手が出そうな芭蕉編集術の真骨頂は、おそらく、「涼しさや海に入れたる最上川」が、「暑き日を海に入れたり最上川」となった例だろう。

なにしろ「涼しさ」が、一転して反対のイメージをもつ「夏の日」になったのだ。そし

て、そのほうが音が立ち、しかも涼しくなったのである。(中略)
これは「涼しさ」が涼しい音をもっているにもかかわらず、あえて「夏の日」という目による暑さが加わって、それが最上川にどっと涼しく落ちていくことにあらわれた。

こう説明されると、とても『おくのほそ道』を読んだりなぞったりしながら、「いいねえ、昔の人は、仕事に追われることもなく、好き勝手に旅に出て俳句など詠んじゃって」などとは言えなくなってしまう。「私もちょっと旅の思い出でも書いてみようかな」と思っていた人も、その自信を失ってしまうだろう。

しかし、先ほども言ったように、多くの人は芭蕉や勝間さんのように後世まで名を残す書き手、ベストセラーを連発する書き手になりたくて、文章を書こうとするわけではない。**ちょっとしたことを書いて、これまで誰にも言えなかった内面を表現することで、気持ちを整理して自分を磨きたい。**もしできたら、そこから新しい発見や明日につながる発想を得たい。もちろん、そこで自分の書いた文章に誰かほかの人も共感してくれたり感動してくれたりすればもっとうれしいが、それは一般の人たちが文章を書くときの最大の目的ではないだろう。

プロの書き手になることはむずかしくない

つまり、多くの人はあくまで「自分のために書きたい」のである。

そう考えれば、誰もが経験や体験をたくさん蓄積して、コンテンツを自在に引き出し、編集することのできる「自分メディア」になる必要などない、とも言える。

それに、私自身の意見をつけ加えれば、「自分メディア」になってプロ志向の書き手になることじたいは、実はトレーニングさえ積めばそれほどむずかしくはない。先にも引用したように、勝間さんも「相手に伝えたいものを得るには、自分で体験するか、人に聞くか、本で読むか」の三つしかないと言っている。逆に言えば、この三つのどれかをきちんと追求すれば、それなりに人に伝えるべき内容は手に入るのである。

しかも、そこで集中的に集めるべき情報は、基本的にはたった四種類しかない。

これは、人の心をつかむためのコールドリーディングという会話術について『なぜ、占い師は信用されるのか?』(フォレスト出版、二〇〇五)など一連の著作で解説しているセラピストの石井裕之氏が繰り返し、強調していることだ。占い師はよく、「あなたの悩みはこれこれでしょう」と相談者が口を開く前に語って、「どうしてわかるんですか！」と驚かれることがあるが、これには簡単なからくりがある、というのが石井氏の主張だ。石井氏の経験では、人間の悩みには「人間関係」「お金（豊かさ全般）」「夢（目標）」「健康」の四つのカテゴリーしかないのだという。

そこで、ビジネスパーソンと思われる人が相談に来たときは、「これは『夢（目標）』だろう」と踏んで、「あなたはいま、仕事をこのまま続けてよいか、転職して夢を追いかけるべきか、と悩んでいますね」と話しかければよいし、高齢の相談者の場合は「おからだのことでお悩みですか」と言えばよい。もし正確にははずれていたとしても、人間は多かれ少なかれ、この四つのカテゴリーで何か悩みを持っているものなので、「まあ、転職の相談にここに来たのではないですが、それも考えないではないですね」と、〝当たらずとも、遠からず〟となる。そこで一気に「この占い師は私のことをよく知っている」と信頼を高め、会話を進めていく、というのがコールドリーディングのやり方だ。

この法則を利用するならば、人にウケる文章というのは、おそらくこの四つのカテゴリー、すなわち「人間関係」「お金（豊かさ全般）」「夢（目標）」「健康」のどれかに関連したテーマの文章、ということになる。つまり、この四つのカテゴリーのどれかについて、「自分で体験」「人に聞く」「本で読む」の三つの手段で経験を蓄積するか情報を集めるかしていけば、おのずとそれが「ウケるコンテンツ」になっていく。もっと単純に言えば、「四つのカテゴリー」×「三つの手段」、一二通りの中から「自分はこれがいちばん合っている」というひとつを選択すればよいのだ。

自分のために書く

このように、「どうしても人にウケる文章を書きたい、プロに近づきたい」という明確な意志さえあれば、それを実現するのはそれほど困難なことではない。

本当は、それよりも「たくさんの人にウケなくてもよいし、ベストセラー作家になりたいわけでもない。ただ、文章を書くことで自分を高めたい、自分のために書きたい」というほうが、ずっとむずかしいのだ。これを目的とするならば、ただ旅行に出て、たとえば「人間関係」のカテゴリーに相当するような面白い体験をしてそれを発表すればよい、というわけではない。

しかし、私は**文章を書く本来の楽しさや意味は、この「自分のために書く」という自己完結型、自己満足型のほうにある**のではないか、とも思う。

「自分メディア」となって人にウケる文章を書くか、それとも自己完結型の書き手となって自己の充実を目指すか。まずそれを選択し、「やはり私は自分のために書きたい」となったら、そこからじっくり書きたいことを吟味《ぎんみ》していかなければならない。

次からは、「自己完結型」の場合の「何を書くか」という問題について、いっしょに考えてみたい。

2章

「何を書くか」の見つけ方

話すことがない人

まずは、自分のために書く、自己完結型の文章でいい。

そのように考えた場合、残る問題は「何を書けばいいのか」ということだけだ。

こう言うと、「え、何を書くか〝だけ〟だって？　それがいちばんむずかしいことなのに」という声が聞こえてきそうだ。先の章で、人にウケるメディア型の文章を書くときには、自分の体験や人から聞いた話が役に立つ、という話をした。しかし、「松尾芭蕉のように旅もしていないし、勝間和代さんのように経済の現場にいたわけでもない。ふつうの会社員の私は、取り立てて文章に書くほど面白い体験を何もしていない」という人も少なくないはずだ。そこで、「やっぱり私は文章を書くのに向いていない」とあきらめる人もいるかもしれない。

あきらめる前に、思い出そう。これから私たちは、人をあっと驚かせる文章や感動の涙を誘う文章を書いてベストセラー作家になろう、としているわけではない。まずは、自分の気持ちを整理し、明日に向かって歩き出すヒントとなるような自己完結型の文章を書こう、としているわけだ。だからその内容も、松尾芭蕉クラスの大旅行や勝間和代クラスの高額投資である必要はない。バス停でバスに乗った、ワイドショーでタレントの離婚を知った、そんな話でまずは十分なのだ。

「いや、それでも私には書くことがない」と言う人もいるかもしれない。

実は、書くこととは少し違うのだが、精神科医である私の診察室にもたまに「話すことがない」という人がやって来ることがある。精神科に来るのだから、もちろん「困っていること」はある。「眠れない」「食欲がない」「仕事に集中できない」などだ。私たちとしても、診察室に来たすべての人に「夢の話」や「子どもの頃の話」をしてもらうわけではない。たとえば「眠れないのですが」と訴える人が来たとしたら、なるべくその晩から眠れるように、と睡眠障害のパターンを少し詳しくきいて、あとはそれに合った薬を処方する。

カウンセリングや精神分析は、受けるほうにも時間的、心理的、費用的な負担を強いるので、どうしても必要な場合にのみ限るのが基本だ。心の奥底の問題をほじくり返さなくても問題が解決すると思われる場合は、いたずらに深い話を聞く必要もないのである。

しかし、いくら薬を工夫しても「まだ眠れない」というときは、「これは単純な睡眠障害ではないな」ということになり、いよいよ心の中に眠る葛藤《かっとう》などにスポットライトを当てなくてはならなくなる。

「ずいぶん頑固《がんこ》な不眠ですね。心の中に、あなたの眠りを妨げる何かがあるのかもしれません。どうでしょう、そう聞いて何か思い当たることはありませんか。思いつくことがあったら、何でも話してみてください」

こんな感じで話題を睡眠障害そのものから、心の中へとシフトさせていくのだが、そこでなかなか話をしてくれない人もいるのだ。「心の中？　なーんにもありませんねえ」と途方に暮れたような顔をする人もいれば、「私に何か悩みや秘密がある、とでも言うんですか！」と怒り出す人もいる。

質問からドラマ顔負けの人生ストーリーを引き出す

そこまで極端でなくても、一生懸命、こちらの問いかけに対して考えてから、「……ダメだ、やっぱり何も出てきません」とギブアップする人もいる。ある女性は、ため息をつきながらこう言った。

「先生、私はごくごく平凡な人間なんですよ。高校を出て、就職して、結婚して子どもを育てて……。ここでお話しできるような面白いことや特殊な体験なんて、何もありません」

こうやって「何でも話して」と水を向けると、「いや、私は平凡だから」「ふつうのオジサンですよ」と、語りたがらない人はけっこういるものなのだ。

しかし、私はそう言われても、「そうですか、平凡じゃ、いろいろ語ることなどないですね」と引き下がることはない。逆に、「何も話すことがない人なんて、いるわけないじゃないですか！　さあ、心の中を全部、語って！」と強制することもない。そこで何をするかというと、まず相手の言い分を受け入れた上で、こちらから質問するやり方へと作戦を変更するのである。

「そうですよね、いきなり〝心の奥にあることを話して〟なんて言われても、そこから何かを語り出せる人なんて、いませんよね。じゃ、ちょっとこちらからいくつか、質問させていただきますよ。まず、学校を出たあたりからうかがいましょうか。最初の就職先ですが、それはあなたが希望して選んだ会社だったのですか」

このように「最初の就職先」などと**具体的に場面や時期を特定して、まずは「イエス、ノー」で答えられる種類の質問を投げかける。**すると相手は「さあねえ、わかりません」などとは言わずに、「最初の就職先……」と頭をフル回転して考えてくれるだろう。そして、語り出す。

「そうそう、最初に勤めたのは地元の信用金庫なんですけれどね、私は全然、そんなところに就職したくなかったんですよ。それが祖父の弟にあたる人がそこの支店長をしていましてね、高校を出る頃にはそこに勤めるのが当然、という空気ができていたんです。入社の前に制服のサイズを採寸に行ったのですが、〝ああ、これで社会人か〟と暗い気持ちになりましたねえ」

このようにして、「結婚のタイミング」「子どもを育てるときに苦労したこと」など人生のポイントごとでテーマを絞った質問をしていく。「えーと、わかりません」「覚えていません」と話が詰まってしまったら、再びなるべく「イエス、ノー」で答えられる質問を多くする。「お子さんの教育方針は?」ときかれれば答えに詰まってしまうような人でも、「お子さんを育てるにあたって、勉強よりも運動が得意ならよい、と考えましたか?」ときけば、「はい、そうです」とか「いいえ、何といっても勉強です」などの何らかの答えは返ってくるだろう。さらに話が続くこともある。

「私の場合、勉強よりもとにかく体力、健康が大切と思って育てました。実は私の兄は、ものすごく勉強ができたのですが、はしかが悪化して亡くなってしまったんです。それがあるから、勉強なんかできなくても元気であれば、って思って……」

このようにひとつひとつ丹念に情報を集めていくと、**最初に「平凡だから話すこともない」などと言ったことなどウソのように、起伏に富んだドラマ顔負けの人生のストーリーができ上がっていく。**

「歯を磨いたからコーヒーが飲めない」ディレクター

私自身、若い頃は、診察室の中で皆があまりに数奇《すうき》な人生、特殊な体験を語ってくれるものだから、「なぜ自分の外来の日にだけ特別な人がやって来るのか、受付で意図的に振り分けているのか」と思ったことさえ、あった。しかしそれからいくつかの病院に勤務するうちに、これは単なる私の思い違いだということがわかった。どんな人の人生にも、その人ならではの体験やエピソード、個性的な人生観や風変わりな習慣などが詰まっているものなのだ。ほとんどの人は自分の人生や心の中がいかにユニークか、ということに気がつかず、「みんなこんなものだろう」とか「私なんて平凡だ」と勝手に思い込んでいるだけなのだ。

こういう目で眺めていると、世の中の人すべてが変わった人、超個性的な人に見えてくることさえある。たとえば何年か前、深夜のラジオ番組にゲスト出演したときのことだ。担当ディレクターは、いかにもテレビに比べればちょっと地味なラジオの世界で長いあいだ生きてきた、という感じの落ち着いた中年男性だった。外見はあまりに平凡で、私の記憶にさえ残っていないほどだ。

ところが、そのディレクターと数分、話をしているうちに、彼のあまりに特異な生活パターンが明らかになった。それは、アシスタントディレクターがコーヒーを出してくれたので、私が「そちらもいかがですか」とディレクターにもすすめたときに判明したのだ。

「いえ、私はけっこうです」

落ち着いた声で、彼は私のすすめを断った。そこで「ああ、そうですか」と引き下がればよかったのだが、「これは何かある」という私の精神科医としてのカンが働いたのだろうか、そこでもうひとこと、「コーヒーはおきらいですか。紅茶ならいいのですか」と質問してみたのだ。すると、彼の次の答えはこうだった。

「コーヒーは好きなのですが、今夜は歯を磨いてしまいましたから」

これから番組の本番が始まるというのに、「歯を磨いたからコーヒーが飲めない」とはどういうことなのだろう。私はこの言葉にがぜん興味を持ち、「歯を磨いた、というのは？」と、さらにしつこく質問を続けてしまった。そこで彼が話してくれたのは、次のような話だった。

「毎晩、深夜の仕事をしている自分は夜になってから出勤してくる。そこで家を出る前に夕食をすませ、歯を磨いて風呂に入ってしまう。そして出勤して生放送をこなし、終わるとすぐに家に帰って、パジャマに着替えてそのまま寝ることにしている。そのためにも出勤前に歯を磨いたら、もう職場では飲んだり食べたりしないように心がけている」

つまり彼は、もう寝るばかりに支度を整えてから出勤し、さっと仕事を終えると即座に帰宅して、布団の中にすべり込む、という生活を続けているのだ。子どもが歯を磨いて風呂に入り、ベッドに入る前のひととき絵本を読むように、彼は仕事をしている、ということなのだろうか。あまりに不思議なライフスタイルや仕事観に驚くばかりだったが、彼は「本当ですか」「いつからですか」などと質問する私を、逆に「何がそんなに面白いのか」という不思議そうな目で見ていた。おそらく彼にとっては、これはあまりにあたりまえの習慣で、とくに人に話すようなことでも、面白がってもらうようなことでもなかったのだろう。

例が長くなってしまったが、診察室でも何度も同じような体験をした。「こんな話、先生に聞かせても面白くもなんともないと思うのですが」「私の一度目の結婚のときの話なんて、聞きたいですか？　きっとなんて平凡な、とガッカリしますよ」といった枕詞《まくらことば》がつけばつくほど、次に続く話はエキサイティングなのだ。しかし本人は謙遜しているのではなく、本当に「これくらいのこと、誰もがやっているだろう」と信じ込んでいるのである。逆に、「この話、先生が聞いたらビックリするだろうなあ」といった大げさな言葉とともに語られる話は、それほど面白くないという傾向もある。

最初のワンテーマを引っ張り出す〝釣り針〟

ここまでは主に「話すこと」に関係した話であったが、「本人が思っているより、ひとりひとりの人生はずっと個性的で起伏に富んでいる」という法則は、もちろん文章を書くにあたっても応用可能である。

つまり、「書くことがない人生」「文章の材料のない生活」など、本当はないはずなのだ。「話すことがない」という人に対しても、私のような精神科医が具体的に質問をひとつ投げかければ、あとは次から次へと興味深い話題、個性的な考え方などのネタが出てくる。それと同じように、文章を書くときでも何かきっかけさえ与えられれば、あとはいくらでもその人ならではの話題、材料、考察などが出てくるはずなのだ。

「書くことがない」と言っている人は、本当に書くべき内容がないのではなくて、ネタの宝庫である自分の脳の中から、最初のワンテーマを引っ張り出してくるよい〝釣り針〟が与えられていないだけなのだ。

では、どうやってその〝釣り針〟を見つければよいのか。

もちろん、お抱《かか》えの精神科医のような人がいて、「さあ、学校を出た頃はどうでした？　希望でいっぱいでした？　それとも気が重かった？」などと質問してくれればいちばんよい。しかし、残念ながらそんなお抱え精神科医はいない、という人がほとんどだろう。その場合は、主にふたつのやり方が役に立つ。

自由連想方式

むずかしいほうから紹介しよう。まずは、正式な精神分析治療のときに使われる「**自由連想方式**」だ。これは、精神分析の祖であるS・フロイトが、クライアントの無意識に接近するために作った方法とされている。

自由連想を使って精神分析を行うときは、クライアントに寝椅子に横になってもらい、リラックスした姿勢を取らせる。分析家はクライアントの邪魔にならないよう、頭の後ろのほうに座る。そして、こう伝えるのだ。

「思い浮かぶことをすべて、自由に話してみてください。つまらないと思うようなことでもいいですし、話が次々に飛んでもかまいません。過去のこと、夢の話、なんでもけっこうですよ」

この自由連想では分析家は、話された内容と同じくらい、話が意図的にそらされてしまうような話題、連想が中断されたり沈黙が続いたりするような話題に注目する。これは、無意識が抑圧されようとする「抵抗」と呼ばれる心の動きなのだが、「抵抗」が起きるときこそ、連想はもっとも無意識に接近しようとしていると考えられるからだ。「これ以上、話したら核心に迫ってしまう」と警戒した無意識が、この「抵抗」を起こさせているのだ。

分析家は自由連想が終わったあとに、おもむろに「今回の連想でわかったあなたの無意識は」と解釈をするのだが、この連想法ではそれ以上にクライアントが自分の口で自分について語り、その過程で自分の内面について新たな発見をして自己理解を深められる、という効果が期待される。

さらに何度も自由連想が行われていくと、クライアントは最初よりもラクに内面を語れるようになっていく。これはただの馴れではなく、自分を無理やり抑えつけようとする無意識の働きが弱まってくるためだ。そこでクライアントは解放感や自己肯定感の増大を感じることもできて、「自分が自由になった」という感覚を味わうこともできるといわれる。

精神分析で行われるこの自由連想法は、とりあえず「何を書いてよいのかわからない」という人にとっては、とても有効な方法なのではないか。何度も言うように、私たちが書こうと試みているのは、人に見せるための文章ではなくて、自分のために書く自己完結型の文章だ。書いたものをどこかにすぐに発表するのでなければ、少しくらいまとまりがなくても、話題がどんどん飛んでもよいはずだ。

自由連想法を応用して文章を書くには、まず発端になる単語をひとつ用意する必要がある。

「その単語も出てこない」という人もいるかもしれないが、目の前にある「時計」「ペットボトル」「メガネ」などでもよいのだ。

そして、「ペットボトル」ととりあえず書いたら、それを一秒見つめて、頭の中に思い浮かぶ次の単語やフレーズを書く。「高校時代に彼女が買ってくれたコーラ」でも「今月からペットボトルは資源ゴミになった」でもよい。そして、そこで書いたフレーズをまた一秒見つめて、次へ……。

そうやって三つか四つのフレーズを書いていくと、多くの人は「もうダメだ！」となるだろう。何が〝ダメ〟なのかというと、それ以上、自由連想を続けるのがダメ、ということだ。次の単語やフレーズに移るよりも、そこで書いたフレーズについてもっと長く書きたい、という衝動に必ずかられるはずなのだ。

たとえば、「高校時代に彼女が買ってくれたコーラ」というフレーズを思わず書いてしまった人は、そこから「高校時代……受験勉強の苦労……受験の日は突然、雪が降った……白といえば子どもの頃、お気に入りのコートの色……」のように連想をすすめることが困難になる。そして、「いやいや、そんなことよりあの彼女のこと、久しぶりに思い出したぞ。はじめて話をしたのは体育祭の後片付けをしているときだった。みんなが嫌がる重いマットの片付けを彼女がひとりでやっていて、僕は思わず〝手伝うよ〟と言ってしまったのだ」などと、そこから文章をつなげていきたくなるだろう。

夢を見るなら書く材料はある

このように、精神分析での自由連想はとにかくどんどん連想を広げることで無意識に接近したり、また離れたりしていくのだが、自己完結型の文章を書く際の自由連想は、その人ならではの話題の発見まで行ったところで、とりあえずはいったん中止してよい。それでも、「私には書くことが何もない」と自分の心にフタをしている人にとっては、かなり有効な話題発見のための手段になるのではないかと思う。

それでもまだ、「いや、私は心にフタをしているのではなくて、本当に書く材料も書きたいこともないのだ」と言う人もいるだろう。そういう人は、眠っているあいだに見る夢をちょっと思い出してほしい。夢は基本的に毎日、見ているはずだが、残念ながら私たちの記憶にはごく一部しか残らない。

とはいえ朝、目覚めてしばらくぼーっとしてしまうくらい印象的な夢を見た経験も、誰にでもあるはずだ。荒唐無稽《こうとうむけい》なストーリーのこともあれば、忘れたつもりの遠い過去の思い出が出てくることもあるだろう。しかしどんな突拍子もない内容の夢であっても、それはあくまで自分が作り出したものであり、誰かほかの人に強制的に見せられているわけではない。

もし、毎晩夢を見ていると仮定すれば、誰もが毎晩、ちょっとした小説やルポを書いているようなもの、と言うこともできるのではないだろうか。夜、眠りの世界に落ちても「今日は何の材料もありません」と夢が真っ白になったり真っ黒になったりする、ということはない。言いたいこと、**書きたいことは、誰の心の中にも無尽蔵に詰まっている。**材料が足りない、枯渇する、などということはないはずなのだ。あとは、**心の中の宝の山からどうやっていちばん書きたいことを引き出してきて、実際の文章に置き換えるか**、という問題なのだ。

もちろん、万人を驚かせたり楽しませたりできるような話かどうかは別だが、ここではあくまで「自分のために書く」ということを目標にしている。だとしたら、そのための材料さがしはそれほどむずかしくないはずなのだ。

卒業論文のテーマさがし

私は、診察室でというよりむしろ大学で、この自由連想法を使うことが多い。いちばんよく使うのは、「卒業論文のテーマがまったく見えてこない」という学生のテーマさがしのときだ。

私の場合、ゼミの学生には基本的に「自分がいちばん好きなことで論文を書きなさい」と指導している。卒論を書くのは大学の三年から四年にかけてで、学びのまとめの時期にあたると同時に、ちょうど就職活動の時期にも重なる。学生によっては「一生懸命、就職活動をして、はっと気づいたら卒業が目の前に」という人もいるが、それでは寂しい。そんなことにならないよう、最後に〝学生らしさ〟を満喫するために卒論を書く、というのが私の考え方だ。そのためにも、いちばん好きなことを卒論のテーマとし、「研究のためだから」という名目で堂々とその好きなことに時間とエネルギーを費やしてもらいたい、と思っているのだ。

以前、三年の後期のゼミでそんな話をしたら、ある女子学生が「私が好きなものといえば『ねりもの』ですが、そんなことを卒論のテーマにしていいのですか」という質問をした。当時は心理学系の学部にいたので私は答えに詰まったが、一度、口にしたことを撤回するわけにはいかない。結局、いろいろ相談してその学生は、「ねりもの好きの心理および今後、ねりものの消費を増やすために有効な心理的PR法」といったテーマで卒論をまとめた。彼女は、四年の夏休みに、親に「卒論のための調査だから」と断って全国縦断旅行に出かけ、各地でのねりものの消費状況を調べ、ねりもの好きの人たちにインタビューを敢行して、充実した日々を送った。

とはいえ、どの学生も彼女のように「好きなもの」がはっきりしているわけではない。そういう場合には、自由連想法を使い、「アルバイト」「彼女」「ペット」など、ぱっと思いつく単語をひとつ紙に書いて、そこからどんどん連想を広げて単語やフレーズを書きなぐっていってもらう。すると、最初はどんどん話題が拡散していくが、ある時点からひとつのことをめぐっての記述が多くなる。三十分くらいその作業をしてもらった後で、ちょっと気持ちを落ち着けて自分が書いた用紙を見つめると、おのずと「ははあ、自分が今いちばん気になっているのはこのことだな」というテーマが見えてくるものだ。

「100の質問」方式

とはいえ、中にはそれでもうまくいかない、という学生がいる。

どこまで行っても、しりとりでもしているように脈絡なく単語が続いていくだけで、どこかに集約していかない。そういう場合は、ちょっと方向性を変えてテーマを見つける必要がある。

そんなときに使うのが、次の**「100の質問」方式**だ。

「100の質問」とは、ネットの個人ウェブサイトから広まった一問一答式の質問群の総称だ。通常、質問が一〇〇個あることからこう呼ばれるが、元祖は数名の有志が作成した「ねえさんたちに100の質問」という女性向けの質問群だといわれている。

そしてこの「100の質問」は、通常、誰かに質問するという形ではなく、自分の答えとともに公開されることが多い。たとえば、ある人が自分の個人用ウェブサイトを作ったとする。たいていの人はそこにプロフィールや自己紹介を載せると思うのだが、不特定多数の人が見る可能性があることを考えると、あまり具体的な情報は書きたくないだろう。かといって、「とある会社に勤務する。居住地は日本のどこか。昭和生まれで好きなタイプは料理の得意なやさしい女性」では、素っ気なさすぎる。

そういうときに、誰かが作成したこの「100の質問」とそれへの回答をつけることで、閲覧者《えつらん》はぐっと親近感を感じてくれるはずだ。しかも、個人情報に関することは避けて答えることもできる。

この「100の質問」は「○○好きへの100の質問」「彼女がいる高校生への100の質問」など、その人の属性によって細かく分かれているが、ごくオーソドックスな「自己紹介のための100の質問」といったものもある。具体的な質問や回答をあげてみよう。

Q. 自分の長所と短所を述べよ!

A. 長所は気が長い、短所はやや意欲に欠けること

Q. 座右の銘は?

A. 奢《おご》れる者は久しからず

Q. 自分を動物にたとえると?

A. 牛かな
Q. 趣味はなんですか?
A. ふつうだけど映画鑑賞
Q. 特技があったら教えて
A. 一度、覚えた道は忘れないこと
Q. 自分ってかわいいなぁ~って思う瞬間は
A. 朝の寝起きの顔を鏡で見るとき
Q. じゃ、自分がバカだなぁ~って思うときは
A. よく彼女の名前を昔の恋人と間違える
Q. 人生やり直すとしたら何歳ぐらいから?
A. バスケ部のキャプテンだった中学生時代からかな

このようにして「100の質問」に答えていくと、かなり具体的にその人のプロフィールが浮かび上がる。しかも、出身地や学歴などについては基本的に尋ねてはいけない、など「100の質問」の世界には暗黙のルールもあるので、それに依拠したものであれば答えて

いてそれほど不快な思いをすることもない。

自分から一〇〇項目にもわたって何か話をするのは容易ではないが、誰かの質問に答える、というスタイルだと意外にあれこれ答えが出てくるようで、一時期は多くの人たちがこの「100の質問」とその回答を、プロフィールがわりに自分用のウェブサイトで公開していた。現在は個人サイトからブログの時代へのシフトが起こり、ブログはそれじたいが自己紹介のようなものなので、あえて「100の質問」を公開する人は減っているようだ。

しかし、自由連想法でもなかなか自分の内面が浮かび上がってこない学生がいた場合、私は今でもときどきこの「100の質問」をプリントしたものに回答を記入してもらっている。無数の質問カテゴリの中には、「卒論準備中の学生への」「就職活動中の学生への」「バイトに夢中な学生への」など、それぞれの学生向きの質問集が用意されているのだ。

そして、回答を記した学生に許可を得てそれを見せてもらい、いっしょに「ふーん、そうか、あなたの場合、小学生時代がいちばん楽しかったのか。なに、そのときは園芸部にいたんだ。だから今も花屋でバイトしているんだね。しかも、好きなデザインは四つ葉のクローバー。けっこう本格的な花好き、草好きじゃない。どう、もう一度、本腰を入れて植物のことを勉強して、植物が人間にどんな癒しの効果を与えるか、バイトの経験も生かしながら論文にまとめてみたら？」というようにテーマを探す。この方式だと、最初から「私が子どものときから興味を持っているのは、何といっても草花などの植物です。だから、何か植物と心理の関係で卒論を書きたいのです」などと語れなかった学生も、自然に「そうだ、私は植物にずっとひかれているんだ」と気づき、卒論に取り組んでいける。

繰り返しになるが、こういう学生も決してこちらが「植物について考え、語りなさい」と強制してそうなるわけではなく、「植物」というテーマは、すでにその人の中にあるのだ。そしていったん本当に語りたいテーマが見つかると、あとはどんどんその人のほうから言葉が出てくる。自由連想法や「100の質問」は、あくまでその人の中に眠るテーマの掘り起こしのためのきっかけにすぎない。

このように、正面から「さあ、あなたは何について書きますか」と言われてもすぐにはテーマが浮かび上がらない人でも、いろいろな方法で揺さぶりをかけられると、必ず「実はこれについてなら語れる」ということが見つかるはずだ。自由連想法も紙と鉛筆さえあれば誰にでもできるし、「100の質問」はネットで検索すると、いろいろなカテゴリのものがいくらでも見つかる。どちらも、そばにカウンセラーや教師がいなくても自力で十分、できるものなので、「何について書き始めていいのか、まず最初のテーマが見つからない」という人は、ぜひ一度、試してみてほしい。

3章 どう書けばいいのか1

一定のペースで書く

手書きとパソコン、どちらが一定のスピードで書きやすいか？

さて、自由連想法を使ったり「１００の質問」を使ったりして、なんとなく「今日はこれが書きたい」ということがわかってきたら、次はどう書けばいいのか。

書き方には、いろいろな方法がある。

じっくり考えながら書く、思いついたままをとにかく書く、辞書を引き引き単語を選んで書く、書いては読み返して推敲《すいこう》しながら書く、などなど。

もちろん、誰かに読ませるための文章なら、辞書を引いて正確を期したり、推敲して文章を練り上げたりするのも大切だ。

また、手書きかパソコン（ワープロ）か、という問題もある。手書きの場合は、鉛筆かサインペンか、はたまた万年筆か、という筆記用具や紙の問題も出てくる。一方、パソコンの場合は、それをプリントまでするべきか、それともブログなどのネットで公開したほうがいいのか、といった問題も出てくる。

とくに「手書きかパソコン（ワープロ）か」という問題については、これまでもいろいろと議論されてきた。「文章の書き方」に関する多くの著作がある清水義範《しみずよしのり》氏の『大人のための文章教室』(講談社現代新書、二〇〇四)では、「心をこめたい文章、人を動かしたい文章は手書きにすべし」と繰り返し主張されている。なぜなら、清水氏は「文章を書くことの素人、つまり普通の一般の人は、ワープロを使うと文章が変ってしまいがちだ」と思っているからだ。とくに清水氏が気になるのは、漢字や漢語の使いすぎ、ぶっきらぼうで堅い文章、などだ。文章のプロである清水氏も、原稿依頼のファックスがワープロ書きの場合、その余白に添えられた「突然のFAXで失礼いたします。どうぞよろしくご検討、お願い申し上げます」といった手書きの一文に、「心がこもっている」という印象を受けるようだ。

たしかに、ワープロソフトについているテンプレートと呼ばれるひな形を一部、変えただけのような事務的な文章よりは、つたなくても一生懸命、その人の言葉で書かれた文章のほうが心がこもっているのはたしかだろう。誰かを説得するための文章やラブレターなどの場合は、「これって事務的」と思われては本来の役目をまったく果たせない。

しかし、何度も繰り返すように、この本ではまず、「人のために書く」ことではなくて「自分のために書く」という自己完結型の文章の書き方について考えることにしている。その場合に限っていえば、手書きなのかパソコン(ワープロ)なのかは大きな問題ではない、と私は考えている。

では、どちらでもいいのか、と言うとそれも違う。大切なのは、「手書きとパソコン、どちらのほうが一定のスピードで書きやすいのか」ということだ。もちろん、より一定のスピードで書きやすいほうを選んだほうがよい。

「エディタ」というソフトを使う

ちなみに私自身は、原稿も論文も、依頼やラブレター（?）もパソコンで書いている。しかも私の場合、「Word」や「一太郎」などのワープロソフトは使わずに、格安あるいは無料でダウンロードできる「**エディタ**」と呼ばれる簡単なソフトを使っている。

エディタとは、基本的には「メモ帳」と同じように、文字のみのファイル（テキストファイル）を作成するためのアプリケーションソフトの総称だ。

一行何字と設定したり縦書きにしたり、という若干の編集機能はついている。ただ、ワープロソフトのように誤字脱字を指摘してくれたり、「①」と打てば次の行には「②」と記されたり、ということもない。あくまで、打ち込んだことをそのまま表示するだけだ。レイアウトや文字飾りなどの機能もなく、図表を貼りつけたりもできない。

では、私がなぜ、いろいろ便利な機能もついたワープロソフトを使わずにこのエディタを使っているかというと、一番の理由は文章を作成するスピードを一定に保ちたいからだ。ワープロソフトの場合、誤字チェックをしたり段落の頭をそろえるレイアウト機能が作動したりすると、どうしてもそこでいったん文字を打ち込むリズムが変わることになる。そうすると、最初の五行は十分で書けたのに、次の五行は十三分、その次は八分……と、文章作成のスピードも微妙に変わってくる。

全体としては、便利な機能を駆使したほうが速く正確に仕上がることはたしかだろう。しかし、書き終えたときの気分の爽快感も文章の質じたいも、途中であまりスピードを変化させることなく一定のペースで書いたときのほうが、ずっと良いような気がするのだ。

誤解を避けるために言っておくと、これはなにも速く書けばよい、というわけではない。たとえ、原稿用紙二枚分を書くのに二時間かかってしまったとしても、「一・五枚までは三十分で書けたのに、最後の〇・五枚を書くのに悩みに悩んで一時間半かかった」というのではなく、「〇・五枚を三十分ずつ」というペースを保つほうがよい、ということだ。もちろん、プロの作家の場合は、ずっとすらすら書いていたのが最後の一行を仕上げるために何日もかかった、ということなどもあるだろう。ただ、世紀の文学作品ではなくて、あくまで自己完結型の文章を記すときには、そこまでペースがアンバランスになると、気持ちまでなんとなくアンバランスになってしまう。

写経のように書く

ここで逆に、自己完結型の文章を書く目的がひとつ明確になったと言える。

つまり、**自分のために文章を書く目的や効用とは、一定のリズムで言葉をつむぎ出すことにより、心のバランスを取り戻し、あわよくばその中で気持ちも整理しよう、ということな**のである。

この効用を最大限に活用しようとしているのが、『般若心経』などの経文を書き写す「写経」である。

書道用品を販売する大阪教材社は、自社のホームページで「写経の功徳《くどく》」として次のようなことを述べている。

写経の功徳によって、極楽往生ができるということが写経観念文に書かれています。現代の医学的見地からみても、写経や誦経が自己の治癒力を高める効果をもたらすということが分かっています。

一つのことに意識を集中させることによって、神経系統、特に大脳の働きが有序化され、整理されて、からだ全体がバランスよく保たれます。そして、各器官が活発化してくるのです。

最近、東北大学の教授が認知症予防にも写経が効果的であることを科学的に証明されています。

写経をすることで、苦渋をかかえた自分を次第に抑え、写経を終えたときには何かが吹っ切れて、元の清々《すがすが》しい気持ちを取り戻すことができます。

写経が自己治癒力を高めるといわれるのは、写経を書くまでの過程が、心の癒しになっているのと同時に、体の癒しにもなっているからのようです。

写経の効用が「科学的に証明されている」という部分はさておき、最後の部分、経の内容そのものに意味や功徳があるのではなく、「写経を書くまでの過程が、心の癒しにな」るという箇所に注目してもらいたい。写経は手本の経文を写すだけなので、そのスピードはほぼ一定になるだろう。もちろん、言葉の意味などをひとつひとつ調べ出したりすれば別だが、写経の場合は理解することにではなく写すことに意義がある、と考えられているようなので、内容に強くこだわる人はそれほど多くないと思われる。

いやむしろ、漢字が並んでいてよく意味がわからないからこそ、あまり深く考えずに淡々と写していくことができる、と言ってもよい。しかも、そこに書かれているのは、たとえ自分ではよく理解できなくても、歴史のあるありがたい言葉であることは間違いないのだ。

人によっては、『般若心経』を繰り返し繰り返し、何度でも書く、という人もいるようだ。新しい経文に挑戦するよりも、とにかく同じものでよいから定期的に書くことが奨励されていることを見ても、**写経では、なるべくペースを変えずに無心に書き写すことが重要視されている**ことがわかる。

もちろん、ここで私たちは写経をしようとしているのではなくて、自分なりの言葉で自分の考えや関心のあるできごとについて書いてみよう、としているわけだ。ただ、「内容にあまりこだわらず、一定のペースで書くことで心が落ち着く」という写経は、私たちが文章を書くときにもおおいに参考になるだろう。つまりちょっと極端な言い方をすれば、「深く考えながら書く」よりも「何も考えずに同じペースで書く」ほうが、いろいろな意味でより大きな効用が得られるかもしれないのだ。

そう考えてみれば、私自身がワープロソフトを使わずにエディタを使って、とにかく同じペースで書くように心がけているというのも、自分でも知らないうちに、文章を書くことにこの〝写経的な効用〟を求めているからかもしれない。

何千という俳句を作った老人

そういえば、以前、二十年、三十年と長期の入院を続ける患者さんが大勢いる病院に勤務していたことがあった。その患者さんたちの中には、日記をつけたり俳句帳で句作をしたりしている人も少なくなかった。あるとき私は、そういう人たちに「せっかく毎日、文章や俳句を書いているのですから、それを集めて文集を出しませんか」と持ちかけたが、ほぼ全員が「私は遠慮します」と反対した。また、主治医の特権を生かそうと「ちょっと見せてくれませんか」と何度も言ったことがあったが、それにも多くの患者さんは応じようとしなかった。私は、「誰にも見せないのに書き続けるなんて、いったい何の意味があるのだろう」と不思議に思っていた。

あるとき、そんな患者さんのひとりが老衰のため、院内で亡くなった。少し前から体調が悪かったのだが、家族も本人も「今さら違う病院に移って身体的ケアを受けるより、長年、住み慣れたこの病院にいたい」という希望だったので、精神科の病院でもできる処置や治療を施しながら、静かに最期を迎えることができた。

残った遺品の中に、その人が何十年も書き続けていたノートもあったのだが、家族は「これは病院で処分してください」と言って、持ち帰ろうとしなかった。看護師さんが処分しようとしていたそのノートを、私は頼んで一晩、読ませてもらった。

すると驚いたことに、そこには何千という俳句が記されていたのだが、その多くが実に平凡な身辺雑記のメモのような句や芭蕉などの有名な句を真似た作品だったのだ。たとえば、五月頃には「五月《さつき》晴れ　子どもも笑顔で　外遊び」といった句があり、「五月雨《さみだれ》を　集めてはやし「入間川」といったどこかで聞いたことのある句も見える。ノートのページをめくってもめくっても、そんな平凡な句や剽窃《ひょうせつ》したような句ばかり並んでいるので、私は途中で疲れて、それ以上、先を見る気もなくなってしまった。しかも、そんなノートが何十冊とあるのだ。

それにしても、この人は何十年もいったい、何のために句作を続けていたのだろう。よほど俳句の才能がないので、こんな駄作しか作れなかったのだろうか。それなら途中で飽きてやめてもよさそうだが、生前の彼は、病棟の片隅で実に楽しそうにノートを開いてあれこれと書きつけていた。思い出せば、いろいろな事情で長期の入院生活のまま、病院で一生を終えた彼だったが、私が主治医になってから、一度たりとも声を荒げたり不機嫌になったりすることがなかった。

いろいろ考えているうちに、私ははたと思い当たった。この人が、ずっと穏やかな精神状態で療養生活を送り続けていられたのは、毎日、一定の時間、一定のリズムで平凡な句をつむぎ出していたからではなかったか。見るべきところもない俳句ばかりだが、毎日、決まった分量の文字をノートに書いていく、という作業や過程じたいが、彼にとっては心の安定を保つ上で何よりも重要なことになっていたのだ。

その後、同じように病院で亡くなった人、あるいは長期入院の後、めでたくアパート暮らしを始めることになった人などのノートを見せてもらう機会が何度かあった。ある人は日記、ある人はエッセイ、またある人は短歌や俳句であったが、共通していたのはどれも内容的にはほとんど取るに足らないようなもので、ごく単調、表面的だったということだ。しかし、毎日の分量は一定しており、日によって多作だったりごくわずかだったりということもない。「今日の食事は○○。十時入浴。十一時運動、バレーボールで病棟が二チームに分かれて対戦。結果は……」といった記すべき価値もほとんどないような事実を淡々と書いていく中で、書き手は心の平穏を取り戻し、わき出る感情を抑えていたのかもしれない。

私は、この「**平凡で一定のペースの記述が持つ効果**」が**ともすればカウンセリングや薬以上の大きさ**であることに、大きな驚きを感じたものだ。

「原稿を書く」とは「サクサク書くこと」

病棟でのそういう体験があったから、というわけではないが、私は原稿を書くときは、内容以上になるべく一定のペースを保ちながら書くことに重きを置いている。

途中まで書いて、あまりに時間がかかりすぎたり、どこかでストップして先に進まなかったりした場合は、そこにいくら傑作の予感がしても、その原稿はいったん破棄することにしている。途中でペースが淀《よど》んだり、あまりに産みの苦しみが大きい原稿は、たとえ最後までできあがったとしても、「暗くて重い……」「結局、何が言いたいかわからない……」という不満足以外の何ものでもないような文章になる可能性が高い。

私にとって「原稿を書く」とは、あくまで「サクサク書くこと」でなくてはならないのだ。精神科の学術雑誌に出す論文など、フォーマットが最初から厳密にあるもの以外は、構成も結論も決めない。

学術論文の手順

とはいえ、論壇誌などに頼まれるような比較的、起承転結をきちんと書いたほうがよい文章の場合は、なんとなく展開は意識する。そのあたりは、二十代の研修医のときに、毎週、医局の「症例発表」などである程度は鍛えられ、からだにしみついている〝手順〟があるようだ。しかし後述するように、この〝手順〟は、一般の雑誌などにエッセイを書くときはかえって邪魔になる。私の場合は、むしろこの〝手順〟からいかに解放されるか、というほうが大きな問題になっている。

さて、この〝手順〟とは何か。これは、一般的な理系の学術論文や学会発表の原稿を作るときに、必ずこの順番で組み立てるべき、とされる構成のことだ。「学会の発表だなんてむずかしそう、そんな文章はとても書けない」と多くの人は怖気《おじけ》づくかもしれないが、いったん〝手順〟さえ覚えてしまえば、これほど簡単なものもない。もちろん、理系の研究そのものやそこで何かを発見することはむずかしいが、中身はともかく、〝それっぽい論文〟を書くことじたいはまったくむずかしくはない。

1章　はじめに

1－1背景

なぜこの研究か、という理由を熱く語る。「これまでこんな研究はなかった」と、この研究の意義をとにかく強調する。

1－2関連研究、研究史

同じ分野の歴史を簡単に振り返り、その限界を指摘する。そして、この研究はそういった限界を超えるために登場したのだ、ということをほのめかす。

1－3本研究の目的

ここまで大風呂敷を広げたが、それをすべてこの研究が解決できるわけはない。なので、この研究では、問題のこの部分をまずはっきりさせることにしてみました、と具体的に問題提起を行う。そのときに、「こうなることを証明したい」という仮説も提示する。

2章　方法

研究や調査、実験などの目的、日時と場所、被験者、装置などについて、事務的に述べる。

3章　結果

2章で行った調査や実験の結果を、具体的な表や図で示す。

4章　考察

3章で得られた結果を踏まえて、その結果が1章の問題提起で示された仮説を支持するものであったのか、あるいはそうでなかったのか、ということを明らかにする。そして、なぜそうなったのか、ということの推論をコンパクトに書く。

5章　結論

研究の全体と、明らかになった新しい事実を、短くまとめる。最後に、「やはりこの研究は意義があった」ということを再度、強調する。

これをこの順番通りに組み立てていくのが学術発表や論文の〝手順〟なのだが、1章だけをやたらと詳しく説明したことからもわかるように、**もっとも大切なのは「この研究がいかに画期的か」ということを最初に強く印象づけること**なのだ。もちろん研究者は「いや、1章はただの序章で、いちばん大切なのは2章から4章までの肝心の実験や調査のほうに決まっているじゃないか」と言うかもしれないが、私はそうは思わない。よほど最先端の研究でない限り、というか研修医のちょっとした研究のレベルでは、2章から4章まではほとんど五十歩百歩で、その論文の良し悪しはほとんど1章で決まっていた、と言ってもよい。

だから研修医の発表や論文指導をする先輩の医者も、「とにかく大切なのは、これがノイエス（注・ドイツ語で〝新しいもの〟という意）だと聞く人にわからせることだ」とよく言っていた。

今は私も大学の教員となって学生の卒業論文などを指導する身となったが、そこでもやはり、「1章で大風呂敷を広げることが大切」と学生に繰り返し教えている。ところが学生たちは謙虚なのか、なかなか「こんな研究はこれまでなかった」とは言わない。

それに対してよく見かけるのは、「この分野が好きなので研究することにしました」とか「○○先生の研究に感銘を受けて私もやることにしました」といった書き出しだ。しかし、これでは論文を読む人は、「個人の趣味を読ませられるのか」とか「なんだ、ただの二番煎《せん》じか」と思い、その先を読む気がしなくなってしまう。たとえ尻すぼみになってもよいから、読む人、聞く人に「おっ、これには何かありそうだ。これを読んだらすごくよいことがあるのではないか」と期待させるような書き出しから始めるのが、学術論文でもっとも大切なお作法なのである。

私は二十代の研修医時代に徹底的にこれらのことを叩き込まれたので、論文ではないエッセイや評論の場合でも、知らず知らずのうちに「まずは1章、そして2章……」という感じで文章を組み立てがちになってしまう。ただのエッセイなのに「こんな文章はいまだかつてなかった」といった書き出しから始めるのはあまりに場違いであるし、書評なのに「2章でどう読んだかの方法を示して、3章でその結果を……」といった構成になっているとしたら、読むほうはまったく面白くないだろう。

だから私の場合、なるべく結論も構成も考えずに、とにかく一定のペースでサクサク書いてみる、ということを大切にしているのだ。

もし、書くことにあまり慣れておらず、どう文章を構成してよいのかもわからない、という人は、学術論文の〝手順〟にならって、まずはとにかく「1章　この研究の意義と目的」のところに力を入れてみるのもよいかもしれない。

いったん書き出したら後戻りしない

「とにかくサクサク」と書いたが、そのためには「書いては消し、書いては直し」では先に進まない。私は、いったん書き出したら後戻りせずに、先へ先へ、と書き進めることにしている。先ほども述べたように、もし途中で止まってしまったら、「そもそもこの文章はダメだったのだ」とそれまで書いたものは潔く捨て、最初から書き直すことにしている。唸《うな》りながら一時間に三行、といった書き方は絶対しない。**思考がそこで淀んだり後戻りしたりすると、結局は書くことが自分のためにもならないし、読む人を楽しませることもできない**、と考えているからだ。

もちろん、誰もが私のように書いているわけではなく、何時間も考えて言葉を結晶化させるようにしながら文章を書き進める人もいるだろう。

先日、直木賞作家の村山由佳さんと対談をする機会があったのだが、村山さんは「まず、これを書きたい、という感覚のほうが先にあって、宙を手探りで探すように言葉を集めてきて文章にするのだが、それでも最初の感覚を全部、言葉に置き換えられた、と完全に満足したことはない」と非常に示唆に富んだことを語っていた。おそらく村山さんは、自分が感じているその感情、記憶などの感覚を逃さないように一方の手で抱きかかえ、もう一方の手で「泣きたい……切ない……いや、違うな」などとその感覚を表すのにいちばんふさわしい単語を探しては、それをワープロで打っていくのだろう。

これぞプロの小説家、という書き方であるが、私のように文学ではなくもっと具体的、現実的な文章を書く身であって、しかも完全にプロの書き手というよりは半分、自己完結型ともいえるアマチュアに近い書き手の場合は、そこまで言葉にこだわるとかえっておかしなひとりよがりの文章になってしまうに違いない。それよりも、一定のペースでサクサクと書き進めていくほうが、多くの人がすんなり読めるわかりやすい文章が書け、自分自身も爽快感や達成感を味わえるはずだと思っている。

4章

いつ書くのか

スキマ時間で書く

「何か書きたいけれど、書く時間がなくてね」

これもよく聞く言葉だ。この別バージョンなのか、私は「カヤマさん、いつ本を書く時間なんかあるんですか」という質問をよく受ける。

そういうとき、私は逆に質問し返すことがある。「原稿は十分、二十分の時間のスキマでも書けるけど……あなたこそ、ゴルフに出かける時間なんてどうやって作るんですか」

すると相手は困ったような顔をして「いや、ゴルフはたまにだから」などと答えるが、一八ホールをラウンドするとなると、たっぷり半日以上はかかるだろう。その前の準備や終わってからの仲間との会食などを含めれば、一日かかると言ってもよい。そんな時間を捻《ねん》出《しゅつ》することのたいへんさに比べれば、**〝ちょっと書く〟ための時間を作ることなど、なんでもない**はずだ。

そう言うと、今度は「ゴルフは遊びだから時間がかかっても苦にならない」と反論する人もいる。しかし、ここで私たちが目指しているのは、あくまで自己完結型の文章作成、執筆だ。それは仕事というよりは、気分転換やレジャーに近いはず。というよりも、苦になるような執筆なら最初からしないほうがよい。

私は、「苦になったとしても書かなければならない」のはこの世で作家を名乗る人だけ、と考えている。もちろん、ビジネス文書や受験のための小論文の練習が苦になるのはあたりまえだが、自分のため、仲間のサークルの文集づくりのための執筆が苦になるようなものではいけない、と思う。**書くのはあくまで気晴らしや楽しみのため**、でなくてはならない。

では、苦になっても書くプロの作家と楽しみのために書くアマチュアの違いは、何なのだろう。「わかった、お金をもらえるかどうかだ」と言う人もいるかもしれないが、それは少し違う。

たとえば私は、自分を「プロの作家」だとは思っていない。もちろん、雑誌にエッセイを書いたり、こうして単行本を執筆したりすれば原稿料や印税はもらえる。ただ、ときには勤務先の病院の文集に書いたり、卒業生が作っているフリーペーパーに頼まれたり、と「報酬ナシの原稿」も書く。しかし、そこには気分の差はない。ひとことで言えば、みな〝楽しい執筆〟なのだ。

楽しい執筆、苦になる執筆

では、私にとって〝苦になる執筆〟とは何かといえば、それは精神医学の学会のために書くいわゆる論文である。論文の執筆はなかなか進まず、もう何年も途中でとまっているものも何本かある。精神科医は私にとって〝本業〟なので、論文に失敗は許されない。「ここでもうひとこと、この言葉をつけ加えようかな」と思っても、「いや、論文全体の流れから考えると、やめておいたほうがよいか」とがまんしなければならない場面も多い。三行に三時間かかったり、次の一〇行は三十分でできたり、と当然、リズムも一定しない。

それに比べれば、雑誌や単行本の原稿の執筆はもっと自由だ。たとえば、電車の中で見かけた若者について描写しながら、「宇宙人」という形容が思いついたとしよう。そうしたら、「彼らはまるで遠い星からやって来た宇宙人に見えた」という文章をつけ加えることもできる。「全体で八〇〇字でお願いします」と依頼があったときは、「宇宙人」の一文で増えるのはたかだか二〇字程度なので、大勢《たいせい》には影響ない。つまり、少々、書きすぎ、言いすぎになることを気にせずに書けるのだ。

これが論文となると、そうはいかない。たとえば自己愛性パーソナリティ障害の若者について何例かの臨床例を並べた後に、次のように「考察」の部分を書いたとしよう。

自己愛性パーソナリティ傾向の強い若年者の心理特徴として、他者への共感性が乏しいことがあげられる。しかし、ここまであげたように治療者もまた、彼らの内界に対して十分、共感を寄せることができないのである。

共感できないどうし、ということを強調しながら、私の頭にふと「まるで宇宙人みたい」という言葉が浮かんだとしても、この文章の後に勢いでその一文をつけ加えることはできない。もちろん、論文とはいえ「これを書いてはいけない」という厳密な決まりがあるわけではないのだが、論文の審査にあたる教授が「なんだ、これは？　論文に〝宇宙人みたい〟という表現を使うとは」と顔をしかめる絵が頭に浮かび、キーボードを打つ手が止まってしまう。あるいは、「もしこの論文が受理されなかったら、来年度はあの国際学会にはとても出席できないし……」などと余計な雑念が頭をよぎり、やはり書く手が止まることもあるかもしれない。

前章で、自己完結型の文章では、速い、遅いにかかわらず、とにかく一定のリズムで書くことが大切、という話をした。〝苦になる執筆〟では、このように書くこと以外の計算、打算、ためらいなどが心に浮かんだり消えたりするため、つい執筆が中断されたり、言葉づかいが慎重になってしまったりするのだ。

あるいは、完成した文章が直接、仕事や自身の評価に影響を及ぼすような場合は、先にあげたように「宇宙人みたい」といった〝筆のすべり〟的な表現をつい、自分で抑えてしまいがちだ。そうなると、心を解放し、気持ちを整理するための執筆が、自分をますます抑圧し、ストレスを溜《た》め込み、さらにはコンプレックスを刺激するような結果にもなりかねない。

ここでもうおわかりだと思うが、私にとって雑誌のエッセイや単行本の執筆は、〝筆のすべり〟がある程度は許され、場合によっては脱線も認められる、という意味で〝楽しい執筆〟なのである。もちろん、これを読んだ読者から批判が殺到したらどうしよう、編集者が書き直しを命じたら困るな、あるいはまったく売れずに出版社に迷惑をかけることになったらもう注文は来ないかもしれない、などなどいろいろな不安、心配などの雑念が頭をよぎることはあるが、それにしても本業の医学の論文ほど直接、自分の評価にかかわることではない、と思えば気もラクだ。

締め切りがあるからこそ

さらに、雑誌のエッセイや単行本の執筆が私にとって役立つ執筆になっている最大の原因は、何と言っても締め切りが設定されていることではないか、と思う。

え、締め切りがプレッシャーになるものはないでしょう、と言う人もいると思うが、それは少し違う。締め切りほど、締め切りがあるからこそ、細部にこだわりすぎることなく、一定のリズムで書き飛ばしていける。いや、書き飛ばしていかざるをえないのである。しかし、そうすることで文章に一定の勢いやリズムが生まれ、書いているうちにランナーズハイに似た軽い酩酊《めいてい》状態が訪れることもある。

まさに、**ライティングハイ**と言ってもよいような状態。これは、「いくらでも時間をかけてゆっくり書いていいですよ」というタイプの執筆や、慎重に作り上げて、できたところで教授にチェックしてもらったり学術雑誌に投稿したりする、という論文の執筆では、まず訪れることはないだろう。

そして、ライティングハイの状態になって、たまには筆がすべったり脱線したりしながら書き飛ばした文章というのは、内容的にも実は雑でもなく、悪いものでもないのではないか、とも思う。たしかに語句をひとつひとつ調べて書くわけではないから、ちょっとした間違いやカン違いによる記述もあるが、それは発表する前に一気に直せばよい。それよりも、**一定のリズムでトントン、と書いていくときに生まれる文章のリズム、独特の言葉づかいは、時間だけ際限なくかけて正確に書かれた文章に比べ、実は読み手にも訴えかける力を持っているはずなのだ。**

「プロの作家」とは違う

とはいえ、職業柄、どんな文章を書くときにも、リズムより内容、言葉の使い方に気をつかいながら、呻吟《しんぎん》し、苦しみながら書かなければならない人もいるだろう。それこそが、「プロの作家」と呼ばれる人たちだ。プロの作家たちとは、書くことの楽しみや個人的な効果を犠牲にしてでも、他とは違う言葉をつむぎ出すことを生業《なりわい》として選ばざるをえなかった人たちなのだろう。

いつだったか、編集者の依頼を受けて、私も小説のまねごとのような物語を書いてみたことがあった。打ち合わせで「こんな話を書こう」と盛り上がり、それからの執筆はそれなりに楽しかった。

すべての物語を書き終えた後、ノンフィクションを得意とする編集者は、「私はこれで十分だと思うのですが、一応、小説を担当してきた文芸編集者にも見てもらいましょうか」と言った。私もそれこそプロの文芸編集者がこの作品をどう見るか、知りたかったので、オーケーした。

何週間か後、担当編集者といっしょにやって来た文芸担当の編集者は、開口一番、こう言った。

「いやあ、面白く読ませていただきましたよ。すんなり読み進めることができました。よく練られた構成で、さすがですね」

ついに私もプロの文芸担当からもほめられ、小説家としてデビューできるか、と喜びかけたところで、その人は「でも」と声のトーンを落として続けた。

「とてもよくできた話なんですよ。でも、香山さんがどうしてもこれだけは書きたかった、というのが、いまひとつ伝わってこないんですよ……。まあ、それでもいいんですけどね」

私はどうしても小説を書きたかったわけではなく、担当の編集者から「何か面白いものを書きましょうよ」と言われ、打ち合わせで盛り上がってこの話を書いたにすぎなかった。しかも、エッセイと同じように一定のリズムで楽しく書くことができた。「何としてもこれを言いたい……でも、いったいどうやって表現すればいいのか。この分量で書き切ることができるか」などと悩むこともなかった。それが、文芸担当の編集者にはすっかり見透《みす》かされていたのだ。

おそらくプロの小説家というのは、自分で抱えているテーマの重さにまさに七転八倒しながら、唸《うな》るようにして言葉を重ねたり消したりしているに違いない。私はプロの書き手にはなれないな、と痛感したできごとだった。

自分の平均的な執筆速度を知る

さて、また自己完結型の文章作成に戻ろう。「いつ書くか」という話である。自分のために書くのであれば、時間がいくらでもあるときより、むしろ忙しくて時間があまりないときのほうが執筆に適している。

もちろん、時間がゼロというのでは、物理的に文章を書くことはできない。

しかし、**時間が十時間あるよりは、「時間が十五分しかない！」というときのほうがずっと効果的に文章を書くことができる**はずなのだ。それは、短い時間のほうがよりリズムを一定にしやすいし、集中的に書くことでライティングハイの状態にもなりやすいからだ。

とはいえ、十五分しかなければ一定のリズムをつかむ前に終わってしまうかもしれない、という心配もある。そうならないためには、ちょっとした準備が必要である。

まず、あらかじめ自分の平均的な執筆速度を知ることが必要だ。

「平均的な執筆速度と言われても、むずかしい文章を書くときと気楽に書くときとは違う」と言う人もいるかもしれないが、それは違う。先にも述べたように、論文執筆やプロの書き手としての執筆でない限り、内容にはあまりこだわらずにとにかく同じ速さで書くことが大切だ。真剣に書くときと、くだけた文章を書くときとでは、正確に同じ速度で書くことはできないかもしれないが、何倍も時間の差が出るのはあまりよいことではない。真剣に書くときでさえ、あまり細部にこだわらずになるべくスラスラとリズムを崩さずに書くようにすれば、それほど時間が延びることはないはずだ。

本当は、近くに時計を置いて四〇〇字や八〇〇字の文章を自由に書いてみて、「原稿用紙一枚（四〇〇字）あたり何分くらいかかるか」を把握しておくのがいちばんよい。ただ、そうやって「よし、時間を計るぞ」とかまえると、なかなか一定のリズムがつかめず、いたずらに時間がかかってしまうことが多いようだ。

どうも自由に書いて時間を計るのはむずかしそうだ、という場合は、手近にある雑誌や本の文章を写すスピードを計るという手もある。何も考えずに手書きあるいはパソコンで文章を写すだけなら、相当の速さでスラスラと書けるはずだ。四〇〇字分を書き写すのに、所要時間は十分くらいであろうか。文字を書きなれた人ならもっと速いだろうし、あまり書くのになれていなければ十五分か二十分くらいかかるかもしれない。

いずれにしても**「原稿用紙一枚を写すのに必要な時間」をまず計ったら、それを一・五倍したのが自分の文章執筆速度だと考える**ことにしよう。「写すのと自力で書くのとは違う！写す時間の二倍、いや三倍は必要だ」と思う人もいるだろうが、自己完結型の文章にそんなに時間をかけると、それだけで〝苦になる執筆〟になってしまう。逆に言えば、写すときの一・五倍以上の時間をかけて凝った文章を書く必要などないのである。

5章

どう書けばいいのか2

細切れに書く、

ひな型を使う

細切れに書く練習

そうやって自分の執筆速度を把握することができたら、次にするのは「細切《こまぎ》れに書く練習」だ。十分、二十分といった短い時間で書くためには、当然、書きかけの文章を途中でやめたり、また再開したりしなければならない。原稿用紙一枚書くのに二十分かかる人なら、十分で半分まで書いて、また次に十分、時間ができたときに続きの半分を書き、一枚分を仕上げていく必要がある。

この「細切れに書くこと」に対しては、「同じ速度で書くこと」以上に抵抗がある人も多い。しかし、誰もが忙しく時間に追われる今、短いあき時間を使って自分に役立つ文章を書くためには、どうしても「細切れに書くこと」になれてもらわなければならない。そもそも、ちょっとした心がけとトレーニング次第で、「細切れでよい文章を書くこと」もそれほどむずかしいことではないのである。

考えてみてほしい。毎日の通勤電車の中で文庫本を読む人はいくらでもいると思うが、彼らは十分、十五分という短い時間で読める分だけ読んで、あとは帰りの電車の中のお楽しみ、ということになる。その十五分さえ続けて確保できるわけではなく、七分読んだところで電車が混み出して一時、中断され、十分くらい間を置いてまた八分、という、まさに細切れの細切れのような読み方をする日もあるだろう。それでも、それほど間を置かなければ、開いた時点でまたすぐに本の世界に没頭できるのである。

このように、読むほうに関しては分単位の細切れで、ひとつの大きな物語をつないでいくことができる。もちろん、「これだけはまる一日かけて、何にも邪魔されずに集中して読みたい」という本もあるだろうが、それは専門書や特別に好きな作家の作品などごく限られたものだろう。それ以外であれば、私たちの脳は、細切れ読書に十分、対応可能にできているのである。

読むほうで細切れに対応しているのなら、書くほうも同様のはずだ。「えー、読書はすでにあるものに乗っかればいいわけだけれど、ゼロから言葉を生み出す執筆となると、そうもいかない」と言う人もいるかもしれないが、私たちはあくまで自分のために書く、ということを考えてきたはずだ。

そして、そのためには一定のリズムで、お手本を写すようにとにかくサクサクと書いていくのが大切、と何度も繰り返してきた。**サクサクと書いていると、いつのまにか頭の中に目に見えないレールが敷かれていて、書き手はそれに乗っかることで、ますますサクサクと言葉が出てくる**ようになる。

七分診療

人間の脳には、文章の途中まで書いていったんポーズボタンを押しても、また一時間後、半日後にボタンを解除すればその続きから書ける能力がある、と私は思う。もちろん、何か実証的なデータがあるわけではないのだが、いくつかこの能力の存在をほのめかす実例はある。

そのひとつが、前の項で示した「読むほうは細切れでも大丈夫」という例だ。そしてもうひとつ、診察室の中にも有力な証拠がある。それは、「診察はたいてい週一度か二週に一度だが、それでも患者さんの話はちゃんとつながる」ということだ。

とくに私の場合はすべて健康保険診療なので、どうしてもたくさんの患者さんを診《み》なければばならない。「一回二万円払ってもいいから一時間くらい話を聞いてほしい」という患者さんは自由診療の精神科医に紹介して、「医療費は安いけれどひとりにかけられる時間は五分から十分」というのが実情だ。

こういう話をまわりの人にすると、みな一様に驚く。「え、精神科の診療時間ってそんなに短いの。最低、ひとり四十五分くらいかけるんじゃないか、と思ってた。ひとり五分から十分じゃ、何も話せないじゃない」

ところが、この「七分診療」でも、しっかり話そうと思えばけっこうなことが話せる。もちろん、この場合は「さあ、頭に浮かぶことを何でも話して」という自由連想法では時間が足りなくなるので、こちらからポイントを押さえて質問をしていく。私が必ずきくのは、主に次の四つの質問だ。言い方は少し変えることがあるが、順番は絶対に変えない。

①この一週間はどんな感じだったでしょう?

②前回の診察からいろいろ考えられたと思いますが、これまでの自分の生き方とか人間関係とかで、何か気づいたことはありましたか?

③お食事はおいしく食べられていますか?　睡眠は?

④じゃ、お薬はこうしておきますが、いいでしょうか?

つまり、まず最近のことについての漠然とした質問をする。このとき、「調子は良いですか？」といったイエス、ノーの答えを求めるような質問をするのはあまり好ましくない。患者さんは「イエス、ノーのどちらかを絶対に選ばなければ」とあせったり、たとえば「調子は良くなかったですね」と答えた場合、自分の答えに引っぱられてどんどん暗くなっていったりするからだ。あるいは、「はい、そうですね、調子はまあまあです」と答えたとしても、そこで話が止まってしまうこともある。

そういったことを防ぐためにも、「どんな感じでしたか」といった、いかようにも答えられる質問のほうがよいのだ。「どんな感じか」という質問なら、具体的に「実は不調なんです。先週、会社で失敗して上司からかなり激しく怒られてしまって」と答えてもよし、「いやあ、まあまあ、良くも悪くもないというか」と曖昧に答えてもよし。答えを限定しないからだ。

つまりこの質問じたいにはそれほど重要な意味はなく、話のウォーミングアップのような役割を果たすものなのだ。もちろん、そこで「薬を飲んだら寝つきはよくなったのですが、途中で何度も目が覚めて」といった症状の話が出れば、最後の段階で行う処方に反映させる。

この「七分診療」のヤマは、もちろん②の「何か気づいたことはありましたか?」という部分なのだが、ここもなるべくコンパクトに話してもらう。

「このあいだ親と話してみたら、どうも私って、子どもの頃から男の人を怖がってた、と言うんですよね。でも、何か男の人に怒られたとか脅されたとか、そういう目にあったことはないらしいんです。それから、〝どうして私は男性が怖いのか〟とゆっくり思い出してみたんですよ。そうしたら、何度も同じ夢を見たことに気づいたんです。ウチは〝子どもは子ども部屋で寝るように〟という考えで、二歳か三歳の頃から親から離されてひとりで寝ていたのですが、暗闇が怖くて怖くて。そこで震えながら眠りに落ちると、必ず夢の中に見たこともない男が出てくるんです……」

これをゆっくり話せば、すぐに一、二分はたってしまう。「七分診療」では、この②に使える時間はせいぜい二、三分がリミットなので、これから盛り上がるというところで話を打ち切らなければならない。

「なるほど。子どもの頃からの夢が、あなたのその恐怖症にかかわっている可能性がある、ということですね。うーん、それについて私もちょっと考えてみたいと思います。そのへんの続きはまた来週ということにして……ところで、最近、食欲のほうはいかがですか?」

こうやって、「話は次回」と告げて、すぐに睡眠、食欲、頭痛といった身体的な質問に切り替えていく。そうすると、話し手は、ただ会話が打ち切られたという不快感をあまり感じずに、すんなりと話を切り上げることができる。そうやって身体の調子について具体的な話が聞けたら、あとは④の処方の相談に移る。これでだいたい、五分から七分の診療時間は終わる、ということになる。

こう聞くと、誰もが「続きは次回」と打ち切った②はどうなるか、と気になるだろう。それは、きちんと次回にまた話してもらう。つまり、次回は②が「何か気づいたことはありましたか」といったきき方から、「そういえば前回は夜の夢、でしたっけ、そんな話をお聞きしましたが」という、よりテーマを絞ったきき方に変わることになる。ただこの場合も、もしかすると患者さんはもう夢の話はそれ以上したくないかもしれないので、無理やり「男が出てくる夢の話を詳しくしてください」といった言い方はしない。身体症状以外のところでは、あくまで「話したければ話してくれてもいい」という曖昧さを含んだきき方をすることが大切なのだ。

そして、もしその人がさらに「男の夢」の話をしたければ、驚くほどすんなり前回の続きが語られる。中には、前回が「男の夢を見るのですが……」という言葉で話が終わった場合、たとえば「その夢というのがね、ものすごくリアルなんですよ」と、文章までが続いているかのように話し出す人もいる。

さすがに診療が二カ月も三カ月も中断された場合は、「前回のあのお話の続きですが」ときいても「え、何でしたっけ」と忘れていることも多いが、一週間くらいのギャップであれば脳は平気で飛び越えることができるようだ。

〝能力の封じ込め状態〟に要注意

つまり脳は、本にしおりをはさむようにして思考を途中で静止させ、また状況が整えば、しおりのところから本を開くようにして考え始める、という芸当ができる、と考えられる。

だとすれば、**五行書いていったん書く作業をストップし、また一時間後、あるいは半日後にその続きを書くということも、それほどむずかしくない**はずだ。

しかし、そういったポーズボタンの機能を持った脳の働きを邪魔するものがある。それは、「そんなことなどできるわけがない」という心の抵抗だ。

昔から、「人間は脳の細胞の五％しか使っていない」とか「DNAの九割は休止状態だ」といった言い方で、人間は自分に備わった機能をほんの一部しか使いきれていない、ということを主張する説がある。本当に脳やDNAのほとんどが休眠状態なのかどうか、まだ科学で明らかにされたわけではなさそうだが、人が実際に自分の能力を使いきれていないのはたしかだと思う。

私の場合、それをいちばん強く感じるのは、身体疾患《しっかん》や精神疾患からの回復途上にある患者さんたちを見ているときだ。正直に言って、診察室では「この若者はもう十年も引きこもり生活を送ってきて、これから少しくらい回復しても社会生活はムリだろう」と悲観的な見立てを行ってしまう場面もある。しかしその中にも、いったんきっかけを見つけ始めると、あっという間にメキメキと回復して仕事を見つけ、友だちや恋人まで作る人も少なくない。

ある青年は、何年間も文字通り、膝をかかえて部屋の隅に座りっぱなしだったのに、「やりたいことが見つかった」と劇団に入ってから、演劇を続けるためにバイトをかけもちで始め、次の年には舞台デビューを果たした。そして、次の年には結婚して子どもまで生まれ、「先生も早く結婚してくださいね」と書いた家族の写真つき年賀状を送ってきた。主治医を追い越してしまうほどの回復の速度を見ていると、「この人はいったいどこに、こんな能力を秘めていたのだろう」といつも驚かされる。

では、引きこもり時代には、その能力はいったいどこに隠れていたのだろう。潜在的なその能力は、実は隠れていたのではなく、自分で隠していたのである。「隠す」とはいっても、もちろん意識的にそうしたわけではない。「自分なんかダメだ」という自己否定の感情や劣等感、「自分に何かができるワケはない」という思い込みが、知らないあいだに自分の能力を押さえ込んでしまっていたのだ。

このように、脳やＤＮＡのほとんどが「眠っている」と言われる現象は、不安、自己否定、マイナスの確信といった否定的な感情が、自分に最初から備わっている能力を封じ込めている、という状態を表しているものと思われる。この自分による〝能力の封じ込め状態〟は、自分で「何かしなくちゃ」と意識すると、とくに強く起きてしまう。

だから、「本を読む」や「診察で質問される」といった受け身的な状況では、脳のポーズボタン機能も知らないあいだに発揮されているのに、いざ「自分で書く」となると「十分ずつ細切れに書く？　そんなこと、自分でできるわけないじゃないですか」と否定してしまうことになるのだ。

こうやって見てくると、「自分でちゃんと書くためには、まとまった時間が三時間はないと」と考えてその三時間の時間を無理して用意するよりは、**「十分ずつの細切れでも、書きたいことは書けるはずだ。ミステリーだって電車の中で十分ずつ、読めるんだから」**と自分に言い聞かせ、「できるわけない」という思い込みを取り除いてやるほうが、ずっと簡単だということがわかるだろう。

もちろん、これは「書けるわけない」という基本的な問題に関しても同じだ。口頭で誰かにきかれたことに答えられるのなら、自分で書けないはずはない。本を読めるなら、書けないはずはない。そう自分に言い聞かせて、自分がもともと持っている書く能力にいつのまにかかかっていたロックをはずすことがまず大切、ということだ。

慇懃無礼な文章はやめよう

しかし、それでも「いや、十分だって書く時間はない」と言う人もいるかもしれない。「細切れでも書けるはず」といくら自分に言い聞かせても、どうしてもロックがはずれず、うまく書けない、という人もいるだろう。

そういう人は、やはりどうやっても、書いて心を整理することはできないのだろうか。それは違う。十分の時間もないほど忙しい人は、それだけ仕事の文書やメール、あるいはメモや伝票などを書いている、ということになるはずだ。それを利用しない手はない。事務的文書やビジネス文書でも、それなりに自分のために役立てることはできるのだ。

積極的に役立つ文書を書かない場合でも、少なくとも自分のためにならない文書、自分の心や相手の心を傷つけるようなビジネス文書は、なんとしても避けるべきだ。

では、まずどんなビジネス文書が有害なのかについて、考えてみよう。結論から言えばそれは、自分のマイナスの感情が事務的な文面の行間に込められているような文書である。

たとえば、会議の日程を決めるための文書を同僚に一斉メールで送る、という場合を考えてみよう。送り手は、「どうして忙しい私が会議の手はずを整えなければならないのか」と不満を抱き、自分も「忙しいのに会議なんてやりたくない」と感じている。そうすると、どうしてもこのメールの文章にはひそかな〝恨みつらみ〟が込められてしまうことになるのである。

次のように慇懃《いんぎん》無礼《ぶれい》な文章になる人もいるだろう。

「さて、申し上げにくいことではございますが、営業部としてはこのたび前期の業績の検討を行いたく、以下のように会議を開催させていただきたく、お願い申し上げます。皆様たいへんお忙しい中、このようなお知らせをさせていただくこと、本当に申し訳ございません」

　ここまで丁寧な文章の場合、その背後には逆に「なぜ、私がこんなことを」といった怒りや不満が隠れていることが多い。

　このように、はっきり抗議や非難の言葉が記されていたり、ひそかに皮肉が織り込まれていたり、逆に丁寧すぎる言葉づかいで相手への恨みを表現しようとしていたりするビジネス文書、つまり用件とともに感情を表現しようとしている文章は、もらった相手を傷つけるだけではない。これは、実は書いたほうにも何のメリットもないのだ。

　書き手としては、「事務的に用件を伝えながら、私が感じている相手への不満も上手に忍ばせてやったぞ」と得意気な気分かもしれないが、こういう半端に感情を込めた書き方では、書くことの効用はまったく得られない。心が整理されるどころか、むしろザワザワと落ち着かなくなり、相手への敵意や恨みもさらに増すだろう。

　しかも、今はネット時代で、多くのビジネス文書はメールで送るようになった。中には、相手に送った〝恨み入りビジネスメール〟を何度も読み直して、「なかなかうまく気持ちを表現できたぞ。今ごろこれを読んであいつ、どう思っていることか」などと想像する人もいると思うが、これは「書くことで心を整理する」という行為からはほど遠い。どうしてもビジネス文書に恨みや皮肉を込めなければ気がすまない、という人は、せめて、送った自作の文書は二度と読まないようにするべきだ。そうでなければ、恨みを伝えて気が晴れた、というメリットの何十倍もの被害が、自分のほうにも加えられることになる。

ビジネス文書はシンプルかつ定型的に

では、自分にもメリットがあるビジネス文書とは、いったい何なのだろう。

それは、シンプルでかつ定型的な文書だ。定型的といっても、それは紋切り型とは少し違うのだが、そのことについては後述しよう。

3章で、人に見せるのを目的とはしない自己完結型の文章の場合、内容に凝ったり言葉を選んだりしないで、まずは写経のようにサラサラと一定のペースで書くべきだ、という話をした。ビジネス文書の場合でも、そのルールは適用される。というより、ビジネス文書の場合、たいていはいわゆる〝ひな型〟はすでにあるのだから、自分でエッセイや日記を書くよりもずっとサラサラと書けるはずなのだ。

この定型的なビジネス文書、現実にはどう書けばいいのだろう。ほかの業界のひな型についてはよく知らないので、ここでは医者が患者さんを別の医者に紹介するときに送る「紹介状」を例に考えてみよう。

A．紹介状・旧タイプ

次のBに示すように、この紹介状のひな型は、近年、大きく変わった。私が医者になった今から二十年以上前には、「紹介状」の用紙には相手の医療機関名や医師の名前を書く欄と日付けを記入する欄が印刷されているだけで、あとは罫線《けいせん》が引かれていて、医者が自由に患者さんの病状や紹介の目的などを記入する方式だった。

そこに、次のことを順番に書いていくのだ。

①あいさつ

手紙の冒頭に記すあいさつにはおびただしい種類があるが、この紹介状で使うあいさつは、次の二種類しかない。

「いつもお世話になりありがとうございます」

「このたびはお世話になります」

本当にお世話になっているかどうかは、まったく問題にしない。極端な場合は、相手の医者とは一面識もなくてもよい。「私は面識もないが、病院どうしでは何か関係があるだろう」と思えれば、「いつもお世話になり」でいいのだ。

とはいえ、遠い地域や外国など、あまりにも接点がない場合は、「いつもお世話に」ではあまりに白々《しらじら》しい。そういう特殊な場合に限り、「このたびはお世話になります」が使われる。

相手との関係がどんなに濃くても、逆にどんなに薄くても、あいさつはこれで十分だ。

この紹介状の冒頭のあいさつに関しては、忘れられないエピソードがある。

研修医にとっては、教授や准教授のかわりにこの紹介状や紹介状への礼状を書く、というのが大切な仕事のひとつだ。しかし、どこの大学病院でも同じだと思うが、先輩の医者は忙しいので、それほど丁寧に研修医を指導してはくれない。研修医たちは基本的には先輩のやり方を「見て盗む」か「見て真似する」ことで知識や技術を身につけていく。

私が研修医をしていた大学病院でも、紹介状や紹介礼状に関しては教授や先輩医師がコアになる部分を早口で語り、研修医はそれをメモしておいて、後からゆっくり全体の形を整えていく。そして、完成してから先輩医師にチェックしてもらい、直すべきところを直して発送するのだ。

二十数年前のある日、外来診療が終わってから同期の研修医数人が診療室に集まり、その日に書かなければならない紹介状や紹介礼状を必死で書き、まとめて先輩医師のチェックを受けに行った。

私の分の数通はちょっとした直しですみ、ほっとしていたのだが、次の研修医の分に目を通した瞬間、先輩医師が叫んだ。

「なんだ、こりゃあ？　キミはいったい、何のつもりで書いてるんだよ！」

そこには、とても丁寧な時候のあいさつが記されていたのだ。

「夏もいよいよ本番となり、照りつける太陽に道路のアスファルトも溶けそうな今日この頃、先生におかれましてはお変わりございませんでしょうか。いつも当大学に一方《ひとかた》ならぬお力添えにあずかり、教授も感涙にむせんでおります……」

先輩医師は、文学的ともいえる冒頭のあいさつ文すべてに大きくバツをつけ、「いつもお世話になりありがとうございます」と書き直した。

この研修医としては、先方の医者と自分のところの教授に気をつかったつもりなのだろうが、それが逆に紹介状では〝何のつもり〟と礼を失しているように思われてしまったのだ。

同様に、少し前まで大学病院にいて研修医をかわいがってくれていた先輩に紹介状を書くときに、最後に「p.s. 先輩、お元気ですか？ またいっしょに飲みに行きましょうネ！」と書き添えたのが見つかり、怒られた人もいた。

とにかく、紹介状に余計なことを書くのはタブーなのだ。

②**本文**

冒頭に一行だけあいさつを書いたら、あとはいちばん大切な本文だ。

その部分の冒頭にも、定型句がある。それは、「このたび○○様を紹介させていただきます」と一文。そしてその後は、これもひな型通りに必要な情報を書き連ねていくだけだ。

そのひな型とは、「その患者さんの主訴」「既往歴（今までどういう病気にかかったか）」「現病歴（現在の病気がどのような経過をたどってきたかや検査所見）」「現症（現在の状態）」「投薬内容」。これだけのことを、この順番通りに簡潔に書いていく。

文章として美しくなくても、主訴であればとにかく「主訴は胸痛と呼吸苦」と単語だけでもよい。逆にいくら美しい文章であっても、肝心の情報が書かれていないのはもちろん、この順番が入れ替わるのも好ましくない。たとえば、最初に「現在の処方ですが、アスピリン二錠を朝一回……」などと薬の話から始まったりすると、「なんだ、この紹介状？」ということになってしまう。

そして、これらの情報を順番に記した後で、本文の最後に、「なぜ紹介するか」という目的が書かれていなければならない。

しかし、これも長々と書く必要はなく、たいていの場合は以下のどれかから選んで、それをそのまま書けばよい。

「このたび、患者様の転居に伴い、先生の病院をご紹介させていただく次第です」

「このたび、患者様ご自身のご希望につき、先生をご紹介させていただく次第です」

「このたび、○○の症状についてご精査いただきたく、先生をご紹介させていただく次第です」

つまり今回の紹介は、地理的な理由か、患者本人の意思なのか、医者側の意思なのか、ということをはっきりさせればよいのだ。

では、この目的の書き方で、好ましくない例をいくつかあげてみよう。

「今回、この疾患の治療の分野では第一人者である先生にぜひご診察いただきたい、と患者さまが申している関係で……」

「先生のお名前はかねてから学会などで存じ上げておりました。患者さまがそちらに転居するということで、この機会に先生に診ていただくべきだ、と強くすすめまして……」

これらは一見、丁寧に見えるが、紹介状の世界ではかえって失礼にあたる。つまり、くどくどと不要な言葉を並べすぎているのだ。

③結びの言葉

これは、どんな場合も次のワンフレーズでよい。

「ご多忙中、恐縮ですが、ご高診、ご加療のほど何卒よろしくお願い申し上げます」

これ以上でもこれ以下でも、「なんだ、こりゃ?」ということになってしまう。もちろん、「末筆となりましたがますますのご健勝を」とか「来月、学会で貴地に赴きますので、その際はぜひごあいさつを」といった余計なフレーズは一切、不要。

そして、その後に日付けと自分の名前を書けば、紹介状は完成だ。

最後に、大切なことを記しておこう。それは、この①から③までを、できればB5の用紙一枚に収めるようにして書く、ということだ。

もちろん、②の本文の経過説明などが長くなってしまえば一枚では収まりきらないこともあるが、その場合でもせいぜい二枚。検査所見などについては、大切な部分だけを一、二項目だけ本文に書いて、あとは「別添」として所見用紙のコピーを同封するという手もある。とにかく、紹介状本体はなるべくコンパクトにしなければ、忙しい医者は読む気もなくなってしまう。

①で「丁寧な時候のあいさつはいらない」と記したが、そこには全体のボリュームを抑えるため、という目的もあるのだ。

B. 紹介状・新タイプ

このように紹介状は従来からきわめてシンプルかつ機能的なものであったが、ここ数年、それがさらにシンプルとなったものが一般的によく使われるようになり、その名前も「紹介状」から「診療情報提供書」に変わりつつある。つまり、左ページに示すように旧タイプから①と③、つまり冒頭のあいさつと結びの言葉さえ取り除き、②の本文だけをさらに箇条書きに書けるようにしたタイプだ。このひな型には何か規格があるわけではないが、全国、ほ

診療情報提供書（サンプル）

〔紹介元医療機関名〕

〔住所〕〒

科　　　　先生	〔医師氏名〕 〔Tel〕 〔Fax〕
〔フリガナ〕 〔患者氏名〕　　　殿　｜　男・女　｜　〔受診歴〕 有・無	
〔生年月日〕明・大・昭・平　　年　　月　　日（　　歳）	
〔受診予定日〕　　年　　月　　日（　　曜日）	

〔病名・主訴〕

〔紹介目的〕

〔既往歴・家族歴〕

〔治療経過・症状経過〕

〔検査結果〕

〔現在の処方〕

〔備考〕

〔添付資料〕　□画像診断フィルム　□心電図記録　□検査結果票
　□その他（　　　　）

〈入院の必要性〉　有　・　無

ぼ一律のものになっている。

有名な教授などに送る場合、こんなにシンプルなものでよいのか、「このたびはご多忙中のところ、先生のようなご高名な方に突然のお願いをしたにもかかわらず、快くお引き受けくださり……」などと書くべきではないのか、と思う人もいるかもしれないが、何度も繰り返すように、そんな手紙が添えてあるほうがむしろマナー違反ということになるのだ。

ちなみに、この「診療情報提供書」は最初からB5一枚に収まるように作られている。

ここまで長々と医者の世界のひな型、紹介状や「診療情報提供書」について述べてきたが、ここで言いたかったのは、**どんな職業の世界にもこういったビジネス文書のひな型はあり、それはやはりシンプルかつ機能的にできている**はず、ということだ。

だとしたら、基本的にはビジネス文書はそれを穴埋めする形で書いていけばよい。一からオリジナルで自分だけのビジネス文書、あの人のためだけのビジネス文書を作ろう、などと思う必要はない。そして、シンプルなビジネス文書で肝心の用件がきちんと伝われば、こちらの誠意や思いもいっしょにきちんと伝わっているはずなのだ。むしろそこで言葉を重ねて、くどくどと書きすぎると、相手は読むことさえ億劫《おっくう》になったり、「ここまで美辞麗句《びじれいく》を並べているとかえって信用できない」と思われてしまったりすることになる。

そして、決められたフォーマット、決められた分量に収めてきちんと伝えるべき内容を書くことができれば、それだけで書く側も頭の中や心の中が整理されたような快感を味わえるはずなのだ。

つまり、内容の工夫ができないビジネス文書だからこそ、ひな型というワクをうまく使うことによって、書きながら気持ちを落ち着かせたり見通しを良くしたりがよりできやすい、ということになる。

逆に考えれば、ビジネス以外の場面でも、このようにひな型をいくつか用意しておいて、そのブランクを埋めていくことで〝書く効用〟を得ることもできるのではないか。たとえば、ここで参考にした「診療情報提供書」が気に入った、という人は、「大切な誰かに伝えたい今日の私のこと」ということでそれぞれの項目名を変え、そこに単語や短い文章を当てはめていくのでもいいと思う。

ビジネスの場で使うひな型を活用すれば、余計な感情を込めたり文章の組み立てに行き詰まったりすることなく、自己完結型の文章をサラサラと書く、という体験ができるかもしれないのだ。

6章

文章は写経のように書くのがいい

実例・「写経」のように書く方法

本書では主に、「自分のために書く」という自己完結型の書き方について語ってきた。基本は、「写経のように一定のペースでサラサラ書く」。

とはいえ、私自身も雑誌の連載や単行本の執筆の際に、実はこの方法を使うことが多い。そういった原稿は原稿料や印税が発生するから、本来であればプロの書き手としての意識や技術が必要とされるはずなのだが、私は自分のことをあくまで「精神科医で大学教員」と思っており、決して「作家」「評論家」とは思っていない。雑誌などに書くのをやめることはあっても、精神科医をやめることはないだろう。

じゃ、なぜ書くの、ときかれれば、ひとつは「依頼してくれる人がいるから」であり、もうひとつは「自分にとって書くことが心の整理や安定につながるから」である。そういう意味で、私も半分は自己完結型の書き手だと言ってもよいはずだ。雑誌でインタビューを受けるとプロフィール欄に勝手に「精神科医、作家」などと書かれることがあるのだが、誌面に載る前のゲラの段階で発見したときは、必ず「すみませんが『作家』というのは取ってください」とお願いしている。

このようなわけで、私は基本的には自分のためにならない書き方はしない。つまり、「写経のようにサラサラ書けない」と思われる依頼は、最初から受けないことにしている、ということだ。

では、どのように書き進めていくのか、実際の例をひとつだけあげてみよう。

ある雑誌から「現代における母と娘の関係」についてのエッセイを書くように、という依頼があったとしよう。詳しくは、次のような内容だ。

・原稿用紙四枚程度

・内容は自由。対象読者は、実際に母親との関係で悩みがちな三十代女性。広い読者層を想定しているので、なるべくわかりやすくするため、具体的なエピソードや診察室で経験した症例の話なども織りまぜて書いてほしい。

先にも述べたとおり、私はあまり書く前に構想を練ることはない。「母と娘の関係……母と娘……」と何度か頭の中で唱えて、**思いついたことから言葉にしていく**。

今回は、「母と娘……母と娘……」と唱えていると、友だちの顔が浮かんだ。彼女は私の友人で、私たちの前では「いまだに干渉しがちな母親との関係に悩む娘」なのだが、実際にはふたりの娘の母親でもある。彼女は、自分の娘たちと自分の関係についてはどう思っているのだろうか？

こんなことがふと浮かんだので、それをそのまま書いてみよう。とはいえ、いきなり「友だちのユキエは……」と実名を書くわけにはいかないので、無難な感じで書き出してみることにしよう。

母との関係に悩む娘は多いが、その娘に子どもがいる場合はどうなるのだろう。つまり、自分は母親にとっては「娘」だが、わが子にとっては「母親」でもある、ということになる。

考えが詰まったときは「具体例を書く」

ここまで一気に書いて、いったん思考がストップする。さて次は、何を書こう……。しかし、ここで次の一手に時間がかかりすぎては、「サラサラ書く」という原則からはずれてしまう。

考えが詰まりそうになったときは、私はとにかく「具体例を書く」ことにしている。私の場合は精神科医ということもあり、まず今週、先週、診察室に来た女性の中で、母親との関係で悩んでいた人がいなかったか、と考えてみる。

もちろん、「そうだ、こういう人がいた」と思いついても、その人のエピソードをそのまま書くわけにはいかない。精神科医には守秘義務というのがあり、患者さんの話を他言してはならないことになっているからだ。というより、常識的に考えても、患者さんが私に打ち明けてくれた秘密の話を、公のメディアで書くわけにはいかないのは当然だ。

そういうときは、思い出した患者さんのエピソードを加工したり、過去に経験したいくつかの例とブレンドしたりしながら、ひとつの話に仕立て上げる。すると、こんな感じになる。

診察室で経験した話なので、若干、変更を加えながら書くことにしよう。

「家事が手につかない、集中力が落ちている」と、うつ病を思わせる症状で相談に来たアケミさんは、四十代前半。ひと通り症状について話を聞いたあとで「何か思いあたるようなストレスはありますか？」ときくと、アケミさんは「待ってました」とばかりに母親との長年の葛藤について、語り出した。

アケミさんの母親は、パーフェクトな専業主婦としてふたりの子どもを育てあげたのだが、アケミさんが結婚すると今度は頻繁に夫婦のマンションにやって来て、掃除や料理をやってくれるようになったのだという。

アケミさんは仕事を持っていたので、最初は実母のサポートをありがたく思っていた。そのうち子どもが生まれると、母親は子育てまでを熱心に手伝ってくれるようになった。保育園に入れたほうがいい、というアケミさんに対して、母親は猛反対。

「なにを言ってるの。私だってあなたたちが小さかった頃は、二十四時間いっしょにいて、遊んだり手作りの食事を食べさせたりしたものよ。まだこんなに小さいのに保育園に入れるなんて、この子がかわいそう。大丈夫、私がちゃんと見ますよ」

そして、まるでプライベート保育園のように、音楽、お遊戯、運動、英語などとプログラムを自分で作って、アケミさんの娘つまり孫にかかりきりで養育するようになったのだ。

ウソや作り事は書かない

ここまでは、実際に見た話を加工して書いているだけなので、あまり深く悩まずにサラサラと書くことができる。しかし、誰もが精神科医ではないのだから、すぐに具体的なエピソードは出てこないかもしれない。その場合は、自分の体験だけではなく、小説や映画、新聞や雑誌で目にした話から材料を取ってもよいはずだ。「子どもの頃、こんなテレビドラマを見た覚えがある」といったうろ覚えの話でもよい。

もちろん、それでも何のエピソードも出てこないときは創作した具体例を書いてみてもよいのだが、私は**まったくの作り事を書くよりは、うろ覚えでもよいから自分が体験したり見聞きしたりした例を書くほうがよい**、と思う。それは、最初から作り事を書いていると、だんだん自分でも物足りなくなってきて、そのうち話が大きくなりすぎたりドラマチックになりすぎたりしてしまうからだ。

エンターテインメント目的の文章を書くときはそれでもよいかもしれないが、ここではあくまで自分のために文章を書くことを目指している。そうだとするならば、話が広がりすぎて歯止めがきかなくなると、かえって心が混乱したり落としどころが見つからなくなって、着地点がわからなくなったりしてしまうことにもなりかねない。

かつて私の若い知人で、人気ブロガーを目指して文章を書き、ネットで公開し始めた女性がいた。彼女は「とにかく読者を喜ばせなきゃ」と考えて、自分がバーでホステスをしていたときの思い出話を中心に日記を書くことにした。

ブログは彼女の目論見《もくろみ》通り、あっという間に人気を集め、たくさんの読者が「楽しみに読んでます」「水商売の世界ってすごいですね」などとコメントを寄せてくれるようになった。ところが、「すごい」と言われるような思い出話には限界がある。そこで日常の話にシフトするという方法もあったはずなのだが、彼女は「それじゃ読者は楽しんでくれない」と、次第に架空のエピソードを混ぜるようになっていった。それは「あるきっかけから性風俗業の世界に足を踏み入れる」という話だったのだが、「どうしよう？　このままホステスを続けるべきか、それとも……」など揺れる心をつづると、アクセス数はぐんぐん伸びた。

しかし、彼女は実際には風俗業の経験はない。それからほかのサイトを見たり風俗業経験者のつづった本を読んだり、と〝猛勉強〟して話を続けようとしたのだが、次第にブログを書く時間よりも情報集めの時間のほうがずっと長くなっていってしまった。

しかもあるとき、新宿の歌舞伎町で風俗業を始めたという話にしていたはずなのに、「客が帰ったあと、波の音を聴きながら涙をこぼした」といったエピソードを書いてしまった。コメント欄には「歌舞伎町でどうして波の音が？」といった疑問が書き込まれるようになり、「ふるさとの町を思い出して、波の音が聴こえた気がしただけ」などと苦しいつじつま合わせをする場面が増えた。

こうなると、自分のストレス発散のために書いていたブログのはずなのに、それが逆にかなりのストレスとなって心に重くのしかかる。結局、彼女はブログを閉鎖したのだが、その後もときどきネットの掲示板で「あのブログの真偽は？」などと話題になっていたそうだ。

もちろん、この女性の話も個人の特定を避けるために若干の加工は施《ほどこ》されているのだが、「ウソを書いているうちに引っ込みがつかなくなり、それがストレス源となった」というのは本当だ。不特定多数の人が目にするブログだからこそ、こういった事態も発生するのかもしれないが、**読者がいない自己完結型の文章でも、作り事ばかりを書いていると引っ込みがつかなくなる**のは同じだ。

自分で意識して「ここはちょっと架空の話を」と遊び心で書く程度ならよいが、作り事がメインになってしまわないよう、注意する必要はある。というより、アクセス数を上げるためにではなく自分のために書く文章だからこそ、よほどのことがない限り、ウソや作り事は書かないほうがよいだろう。

ツッコミを入れる

さて、このように**具体例を書いたら、次はそれに対する自分の感想、批判を加える。**つまり、エピソードに自分なりのツッコミを入れるのだ。先ほど書いた「子どもの世話をすべて母親にまかせる女性」の場合であれば、こんな感じになるだろう。

もちろん、自分の子どもの養育を実母にまかせるのが悪い、と言いたいわけではない。しかし、そうやってすべて母親に主導権が握られながらの子育てが続く中で、彼女の母親としてのアイデンティティはまた、ぐらつき始めるはずだ。やっと完璧な母親から独立して自分も家庭を築くことができたはずなのに、生まれた子どもを母親に〝捧げた〟ような形になってしまったことで、自分もまた再び、娘の地位に戻ってしまった、というわけだ。

こうやって書いていると、また彼女にまつわるエピソードが記憶の底から浮かび上がってきたり、ほかの例を思い出したりするので、そのつど、それをつけ加えてみてもよい。

そういえば彼女はよく、こんなことを言っていた。

「母親と私と娘、三人で歩いていると、よく〝あら、ずいぶん妹さんと年が離れているのね〟と声をかけられることがありました。私と娘が姉妹で、母は私たちふたりの親、と見えてしまうのでしょう」

たしか、歌手の松田聖子さんも離婚後、あまりに忙しいので娘の子育ては実母にまかせることが多く、仕事から帰宅すると〝まるで姉妹のように〟娘とにぎやかに遊んでいる、と何かのインタビューで語っていた。彼女もまた、子どもを産んでもきちんと母親になれず、かえって「しっかり者の実母の娘」という自覚ばかりを強めてしまった人なのではないか。

このようにして、とにかく途中でリズムが途切れないようにしながら、話をつないでいくのである。

そうやって具体例とそれに対する自分なりの感想、批判、という順序で言葉をつなげていくと、そのうち流れはそれとなく一方向に向かって流れ始める。そうすると、もう終わりは近い、ということになる。この「母と娘」なら、こんな終わり方が考えられるだろう。

その女性は、そうやって子どもを母親に全面的に預け、自分は思う存分、仕事に打ち込みながら、ある時点までは満足して生活を送っていた。母親もまた、再び子育ての楽しみが味わえる、と喜んでいた。

ところが、その娘が中学に入る頃になって、彼女はあるとき、ふと心に大きな穴があいていることに気がついたのである。

「この娘は私の娘じゃない……私の母親の作品だ」

しかもその次に、彼女の心の中には、自分でも予想しなかった感情がわき起こった。それは「嫉妬」であった。

「私はこんなに母親にかわいがってもらっただろうか。もしかすると私の娘のほうが、母親から全面的に愛され、大切にされて育てられたのではないだろうか」

娘に対する母親としての自覚の欠如とともに、彼女は娘に対するライバル意識や嫉妬という感情にも苦しまなければならなくなったのだ。

そこで母親だけが、「娘だけではなくて、私は孫までも完璧に育てた」と深い満足感を覚えたのだった。

ここまでで、だいたい依頼の原稿用紙四枚程度に近づいた。あとは、**ゆっくり一度、読み直して、さらに思い出したエピソードを加えたり、「フロイトは母と娘に関して……」と理論的な解説を足したりする。**

それでだいたい三十分。サラサラと書くことにより、ひとつの物語が完結し、私の心の中の問題もひとつすっきり解決した気分になるのである。

7章

文庫本の解説を書く！

何を書けばいいのか、と思ったら

さて、ここまで紹介したような方法を使いながら、ある程度、「写経のようにサラサラと書く」ことができるようになったら、次にちょっと毛色の違う文章にもチャレンジしてみよう。

ただ、「サラサラと書く」という原則や「そのためにはひな型や定型句もどんどん使う」という原則はここでも変わらない。

「とは言っても、ではまず何を書けばいいのか」という人は、次の課題に取り組んでほしい。

課題：いちばん身近にある単行本を、一冊、手に取ってみよう。好きな本である必要はないが、読みたくないほど関心がない本は避けたほうがよい。そして本を一冊、決めたら、編集者から次のような依頼が来たと想定してみてほしい。

「このほど、この本が文庫になることが決まりました。

つきましては、文庫の後ろに必ずついている〝解説〟をあなたに頼みたいのです。著者も、ぜひ長いつき合いのあるあなたに解説をお願いしたい、と言っています。分量は原稿用紙で五枚程度です。ただ、申し上げにくいのですが、締め切りが非常に迫っていまして、明日なのです。何卒よろしくお願いします」

依頼の内容や背景をまとめると、次のようになる。

・本の文庫版解説を書いてほしい。
・分量は原稿用紙五枚程度、締め切りは明日。
・著者とあなたは、それなりに長いつき合いがある。

「えー、文庫の解説なんていきなりは書けないよ」と言う人もいるかもしれないが、**どんな解説の達人でも「はじめて書く」という瞬間はあった**はずなのだ。だから、「はじめてだから書けない」と怖気《おじけ》づく必要はない。

文庫に解説がついていることも知らなかったという人は、家の中にある文庫を二、三冊持ってきて、後ろのほうを見てみてほしい。ほとんどの文庫には、著者以外の誰かが書いた「解説」「文庫版解説」「解説にかえて」などと題された数ページの文章がついていると思う。

まれに、他の人ではなくて著者自身が「文庫版あとがき」という文章を書いていることがあるが、それはよほどその作品にこだわりがあり、他人にあれこれと解説してほしくないと思っているか、文庫化にあたって時間があまりになくて他の人に執筆を依頼できなかったか、あるいはよほど知り合いや友だちがいないか、である。

このように、この解説の文章というのは、たいていは著者と何らかの関係がある作家や評論家に頼むことが多い。あるいは、著者が大物作家などの場合は、「ぜひ○○さんにやってもらいたい」と、顔見知りではないがその人が注目している若手作家などに頼むこともある。

私も一度、渡辺淳一氏の文庫版解説を依頼されて、驚いたことがあった。当時、私はもちろん渡辺淳一氏と面識はなく、大御所の文庫の解説だなんて、と恐縮したのだが、この場合はどうも渡辺氏からのご指名というより、編集者が「まあ、この作品の主人公は女性医師だし、カヤマさんでいいんじゃないの」と決めたようであった。著者が大物すぎる場合は、このように編集者がその文庫にマッチした書き手を適当に選ぶこともあるのだ。

なぜ文庫には解説が必要か

では、なぜ文庫には解説がつけられているのだろうか。いろいろな説があるようだが、ベテラン編集者から聞いたところによると、一番の理由は「**読者サービス**」ということのようだ。

最近では「文庫書き下ろし」といって、スタイルは文庫だが中身は新作という作品も少なくないが、基本的に文庫とは、単行本として一度、世に出た作品が、軽く小さな形となり値段も安くなって再び市場に出回るものだ。そこで「なんだ、使いまわしじゃないか」と思う読者もそういないとは思うが、いわゆる〝二次利用感〟を避けるために、他の評論家や作家などによる「解説」が新たにつけ加えられる。

そこで読者は、「おっ、あの恋愛小説の名手の女性作家が、こんな堅い歴史ものに解説を書いているぞ」と興味を持ち、「へー、あの作家って、大学時代、この歴史学者のゼミ生だったのか」と新たな情報や知識を得ることができる。このちょっとした〝お得感〟を与えるのが、文庫の解説の使命だといってよい。

そのためにも、解説の書き手は〝意外な人物〟や〝著者の個人的エピソードを知っている友人〟などが好ましい、ということになる。もちろん、たまにはそういった意外性や〝お得感〟などを排して、真正面から本格的な解説ができる評論家に白羽《しらは》の矢が立つこともあるが、最近はそういうパターンは少なくなりつつあるようだ。

たとえば、いま私のいちばん近くにある文庫は、大庭《おおば》みな子の『王女の涙』（新潮文庫、一九九二）なのだが、この解説の冒頭にはこう書かれている。

ある日の午後、私がもと勤めていた学校の研究室に、どこかに出かける途中の大庭みな子さんがぶらりと立ち寄られた。そして、いつものようにしばらく雑談を交わし、帰りぎわに、これまたいつものように、何か面白い読み物はないかと大庭さんが訊《たず》ねた。

ちなみにこの解説の書き手は、アメリカ文学者の大橋吉之輔《おおはしきちのすけ》氏なのだが、この数行を読んだだけで、大庭ファンなら「この人、大庭さんと個人的にも親交があったんだな」「大庭さんに面白い読み物は、だなんてきかれて、いったいどんな本をすすめたのだろう」とぐっとこの先に関心を持つはずだ。そして、解説には、解説の書き手が大庭みな子にすすめた短篇をめぐるやり取りや、それとこの『王女の涙』という作品との関係などが書かれていくことになる。ちなみにこの解説が書かれたのは一九九二年であるが、この時代にはすでに、文庫の解説は本格的な評論や解説から、〝お得感〟が得られるようなものへと移り変わりつつあったと思われる。

とはいえ、まったく作品とは関係のない著者の個人的エピソードばかりが延々と披露される、というのも問題で、「作品のきちんとした解説」という部分もある程度はキープされていなければならない。

文庫解説の定型的なひな型

ここまで長々と「なぜ文庫には解説が必要か」という話をしてきたが、それは自分で「文庫の解説を依頼されたという設定で文章を書いてみる」ときに、そのまま必要になるからだ。というより、この解説の意義がそれなりに理解できれば、あとは自分で書いてみるのもそれほどむずかしくないはずだ。

ただ、「はじめて解説を書く」という人は、先の大橋氏のようにいきなり「ある日、大庭さんが……」といったエピソードから始めるのは少しむずかしいかもしれない。

そういう人のために、文庫の解説の定型的なひな型を記しておこう。

1. 文庫化された作品のテーマや位置づけがひとことでわかるような紹介文

例「この作品は、長く詩人として活躍してきた著者のはじめてのミステリーである」

例「本書は、経済の世界に衝撃を与えた金融マンによる大ベストセラーが文庫化されたものである」

2. 本の内容のやや詳しい紹介

主人公や登場人物の紹介、章立て、それぞれの章の簡単なまとめ、いちばんの見どころ、結末をネタバレにならない程度に。

小説ではない本の場合は、「登場人物」は不要であるが、ほかはだいたい同じ。

3. 自分自身の感想、評価や個人的エピソードの披露

例「著者がこの本を執筆したのは○○バンクに敏腕ディーラーとして勤務していた時代のことであるが、実は私も同時期、同じ部署で働いていた」

例「私は著者とは面識はないが、本書を単行本で手にしたとき、〝あの叙情詩人が本格ミステリーを!〟と興奮したのをよく覚えている」

4．やや〝ご祝儀〟的なまとめ

例「このように、専門外の人にも金融問題をわかりやすく解いた本書がベストセラーとなったのは、今から振り返っても実に妥当なことと言えるだろう。このたび、文庫となったことで、ますます多くの読者が刺激を与えられることを願ってやまない」

さて、ここから実際の文庫解説を引用しながら、もっと具体的な話をしていこう。参考にするのは、田中康夫氏の五冊の文庫の解説だ。長野県知事を経て、今では政党党首、参議院議員として政界で活躍する田中氏は、よく知られているようにデビュー作『なんとなく、クリスタル』で文藝賞という由緒ある賞を受賞した小説家でもある。また、その執筆活動は小説の域にとどまらず、早くから音楽解説やいわゆるグルメ本、社会評論などの広い分野で冴《さ》えた筆さばきを見せていた。

ちなみに私は学生時代から、文筆家としての妥協を許さない姿勢や、そこから生まれる独特の濃密な文体の大ファンで、単行本も文庫本もすべて買って何度も読み返した。

ここで参考にするのは、次の五冊の本の解説だ。書名と発行元とジャンル、解説者の名前を記そう。

『スキップみたい、恋みたい』、河出文庫、短篇小説集、解説・佐藤清文
『三田綱坂、イタリア大使館』、角川文庫、短篇小説集、解説・神足裕司
『昔みたい』、新潮文庫、短篇小説集、解説・川村湊
『ペログリ日記　震災ボランティア篇』、幻冬舎文庫、日記解説・坪内祐三
『いまどき真っ当な料理店』、幻冬舎文庫、レストランガイド、解説・斎藤美奈子

解説者は、いずれも現代を代表する評論家だ。彼らが才人・田中康夫の作品をどう〝料理〟しているかについて、先の四つの項目に沿って見てみよう。

1．冒頭の紹介

文庫を買った人の中には、まずその本の概要を知りたくて後ろの解説を開く人もいる。あわよくば、解説だけを読んで文庫全部を読んだ気になろうと目論んでいる人もいるかもしれない。

また、駅か何かで偶然、手に取って買ったその文庫を読み終え、「で、これって結局、どういう作品ってこと？　作者にとってはどんな位置づけになるの？」と解説で頭を整理しようとする人もいる。

そういう読者たちのためにも、まず冒頭で簡単にこの文庫に入っている作品の紹介をしてあげるのが、親切というものだろう。

また、この**「冒頭の紹介」の箇所は、自分のためだけに書く自己完結型の書き手にとってもよい修行となる。**というより、この数行がきちんと書かれていれば、あとはほとんどどんなことを書いても大丈夫、とさえ言える。

『スキップみたい、恋みたい』の解説の冒頭は、次のようになっている。

女の子を主人公にした十六の短篇によって構成されている『スキップみたい、恋みたい』は、田中康夫の他の本と比べて、テーマの統一性が非常に強いものになっている。それは田中康夫の本としては異例な「寂しがり屋のあなたへ」という序文がつけられていることからもはっきりしているだろう。

文章はそこから田中氏の序文の引用とその解釈へと移っていくのだが、このわずか数行を読んだだけで、読者はこの文庫がどんな構成、内容なのかということに加えて、著者の他の作品との関連までを知ることができる。

そういう意味で、これは押さえるべきところを押さえたとてもオーソドックスな冒頭の紹介と言えるのだが、書き手である佐藤清文氏はそこにひとつだけインパクトの強い単語を紛れ込ませようとしている。

それは、「異例」だ。異例なことにこの本には序文がつけられている、それくらい、著者はこの本に力を注いでいるのだ、と言われれば、読み手の関心もぐっと強まるに違いない。本文を読む前に解説をのぞいてしまった人も、「早く読まなければ」という気になるはずだ。

それがもし、ここで「著者がお得意の短篇小説集のひとつだ」などと言われたら、まだ本文を読んでいない読者は、「じゃ、別の本を読んでから読めばいいか」となってしまうかもしれない。冒頭に全体のまとめを記すのは重要だが、ここで読み手の気持ちを萎《な》えさせず、**作品への期待を高めるような〝仕掛け〟を仕込んでおくのも解説者の任務**だ。

斎藤美奈子氏の解説は、冒頭のわずか一行で読み手の関心をぐっと本文にひきつけようとする。この本はタイトルも『いまどき真っ当な料理店』、パラパラめくるとレストランガイドであることは一目瞭然なので、解説でいきなり「『いまどき真っ当な料理店』とは、田中氏がいまどき真っ当だと思った料理店を集めた本で……」などと解説し始めては、読者はそのくどさにうんざりしてしまう。だから、斎藤氏はいきなりこう記す。

ご承知とは思いますが、田中康夫氏の料理店批評には年季が入っています。

本書がレストラン批評の本だ、とわかっている読者も、この「年季が入っている」というひとことに目が釘付《くぎづ》けとなり、「え、ホント？　年季が入ったガイドってどんな感じ？」とあわてて本文をめくりたくなるだろう。

そして、その次に斎藤氏は自らが田中氏の「年季の入った料理店批評」の〝年季の入った愛読者〟であることを告白し、具体的にいつ頃のどんな記事や文章を読んだかということや、それらが意外にストレートであったことなどをしばらく書く。それからおもむろに、この本じたいの紹介を始めるのである。

本書『いまどき真っ当な料理店』における田中康夫は、さすがにここまでストレート、というかお嬢さん趣味ではありません。大人の見識を身につけた堂々たる批評家の風格で、ある店のことは丁重に称揚し、またある店については容赦なく罵倒しています。いやみすれすれの慇懃《いんぎん》な文章で、読者を煙にまく芸当なんかもやっています。

こう言われると、世に多くあるレストランガイドに飽きた読者も、本書に関心を持たざるをえないのではないだろうか。

また、少し高等テクニックではあるが、次のような呼びかけで始まる神足裕司氏の解説も、本文への関心をぐっと高めるのに効果的だ。

本書を読み終えた女性に是非尋ねてみたいのだが、ひょっとしてこんな感想をやっぱりお持ちになっただろうか？

「これって、私のことが書いてあるみたい」

このような書き出しで、未読の人には「本文を読みたい」と思わせ、すでに読んだ人には「もう一度読んでみようかな」と思わせることができれば、解説はそれだけでほぼ成功と言ってもよい。
ここまで話したことをまとめると、次のようになる。

・文庫解説は、冒頭の数行が大切。
・そこではまず、オーソドックスな紹介、まとめをするのが基本。
・その中に、読者が本書を買いたい、読みたい、読んでよかった、と思わせるような仕掛けを仕込んでおけるとなおよい。

2．と3．やや詳しい内容の紹介と自分の感想、解釈など

さて、冒頭の数行に時間とエネルギーを使いきったら、あとは文章を書くときの原則通り、あまり長時間をかけずにスラスラと内容をまとめ、そこに自分の感想を加えていく。主人公はだれだれで、その人がこういう事件に遭遇し……といった時系列に沿って具体的にまとめてもよいし、次の川村湊氏のように作品中に多用されるキーワードを「〃」で囲って使いな

がらのまとめのようなスタイルも面白い。

彼女たちは、おしゃれで、情熱的な恋愛を〝したい〟と思っている。〝けれども〟、実際の結婚には、現実のもろもろの問題（生活程度、階層的な習慣や考え方の違いなど）が押し寄せて〝しまう〟。〝そうなれば〟、結局、情熱や恋愛感情だけで支えられた結婚、夫婦・家庭生活は壊れて〝しまう〟だろう。〝やっぱり〟現在の生活の形を大きく損ねることなく、暮らしてゆくことがベターだろう（暮らしてゆきたい）……。

単純化してしまえば、『昔みたい』に収められた短篇には、ほとんどこのように循環して結局元に戻ってしまうという回帰の構造が透けて見える。

このように、自分に合ったやり方で文庫の内容について「冒頭の紹介」よりは少し詳しい紹介やまとめを行ったら、あとはそこに自分の好きな解釈をつけ加えればよい。

いや、それこそが解説のメインでいちばんむずかしいところだ、と言う人もいるかもしれないが、ここでは本格的な文学評論を書くわけではない。読み手が、「へー、そんな考え方もあるのか」「なるほどね、この解説者はここに目をつけたのか」とさらりと読めればそれでよいのだ。

繰り返しになるが、文庫解説の使命は、本文を読んだ読者やこれから読もうとしている読者に「この本、読んで（買って）よかった」と思わせることにある。もし、解説のほうが本文より面白ければ、読者は「この解説者が書いた文章、もっと読んでみたいな。この人の本を買えばよかった」と思うかもしれない。しかし、残念ながらそれは、解説としては不合格なのだ。

だから、**解釈や感想の部分は、むしろあっさりしすぎるくらいのほうがよい。**たとえば、坪内祐三氏の次のような文章はとても文庫解説向きだと思う。

> 詳しい説明ははぶくけれど、実は、ある瞬間（それはペログリの時かもしれない）、田中康夫は、ほとんど女性である。
> つまり田中康夫は両性具有的なのである。両性具有者だから、田中氏の口にするペログリの物語は、男性優位主義者（もっといえば男根主義者）の征服のトーンが希薄だ。そこに一種の清々《すがすが》しさを、少なくとも私は、感じる。
> （傍点原文ママ）

坪内氏は、本格的な文芸評論では「詳しい説明ははぶくけれど」などという言い方は使わないが、文庫の解説の場合は、これくらいの大胆な言い方も許される。というよりは、これくらい「私の意見はこうですが」と断言してくれたほうが、読み手も納得したり、あるいはスルーしたり、好きなように読めるのでよいかもしれない。また繰り返しになるが、「解説を読ませるのではない、本文を読ませるのだ」という原則は、ここでも守られなければならない。

もちろん、言うまでもないが、個人的な感想や印象、解釈を大胆に述べるのはよいのだが、それが本文の批判や非難になってはいけない。たまに、解説で「個人的には私は、著者の作品の中では、本作よりデビュー作である○○を高く評価しているのだが」とか、「なぜ著者が主人公を腹黒い人間として描いたのか、私には正直言って、まったく理解できないのである」とか、肯定的とは言えないことが書かれているのを見かけることもあるが、これはルール違反といえよう。もし、その作品があまり好きでないのなら、解説を依頼された時点で断ればよいのだ。

基本的に、**文庫の解説はほめるもの**。これも忘れてはならない原則だ。

そして、この場合はあくまで自分のために書く文章なのだから、あまり凝りすぎない、考え込みすぎない、なるべくサラサラと一定のリズムで書く、というのも忘れてはならない。

「著者と私は友だち」という仮定をして

さて、1で思いきり労力を使って、2と3ではサラサラとあっさりした内容紹介や感想を書けば、解説はそれでだいたい完成だ。ただ、ここでちょっとしたフィクションの要素も入れて、文庫解説を本当に依頼されたプロの気分を味わってみよう。

そのフィクションとは、「著者と私は友だち」というものである。著者と自分は長いつき合いで、だからこそご指名でこの解説の執筆が依頼された、という設定にしてみるのだ。

せっかく友だちなのだから、ここは「自分しか知らないエピソード」なども書いてみたい。そういうエピソードを読むと、読者はますます「この文庫を買って得をした」と思うはずだ。たとえばそれは、次のような感じになるかもしれない。

このように、サイコホラーを書かせたら右に出る者はいない、と言ってもよい著者のウスダ氏であるが、素顔は実はとても温和なネコ好き人間だ。

あれは十年ほど前であったか、温泉めぐりという共通の趣味を持つウスダ氏と私は、連れ立って紅葉見物がてら、山合いの温泉に出かけた。温泉につかり、夕食を楽しんだ後、腹ごなしに散歩に出かけると、ミーミー鳴きながら捨て猫らしき子猫がついてくる。私は無視して歩いて行こうとしたのだが、ウスダ氏はその場に座り込み、「ついて来たいのかい？」と子猫にやさしく話しかける。そして浴衣《ゆかた》のたもとに子猫を入れて宿まで連れ帰り、結局、そのまま東京まで連れて戻ってきたのだ。猫はそれ以来、ウスダ氏の〝親友〟となっている。

おそらく本書を執筆中も、著者の横には、あのとき温泉地からはるばる連れ帰った〝親友〟が寄り添っていたに違いない。

4．まとめ――〝はなむけの言葉〟でしめくくる

さて、ここまで書けたら、文庫の解説は完成したも同然。あとは、こざっぱりとした締め

のひとことをつけ加えるだけだ。最後の最後で、「つまり、本作は著者の数ある作品の中では、きわめて平凡なものと言えるだろう」とマイナスの評価をつける解説者はいない。ここは読者が、「やっぱりこの文庫を買って読んだのは正解だった」と満足して本を閉じられるようなひとことにしたい。となると、使う言葉はおのずと決まってくる。

田中氏の作品中のキーワードに注目しながら書かれた川村湊氏による『昔みたい』の解説は、次のような段落で終わっている。

〝やっぱり〟〝本当〟という言葉は、すべての価値を現実という場面に引き戻し、それを流行化し、時代化してしまう。逆にいえば、流行的でも、時代的でもない文化的価値なんていうものはありえないということだ。田中康夫の『昔みたい』は、そうした文化の流行性、時代性を感覚の深いところでキャッチし、それを逆手にとることによって、現代における〝古典〟といった趣きの、不思議な雰囲気の漂う作品集となりえたのである。

つまり、書くべきことはただひとつ。「この作品はなぜ成功しえたか」ということだ。

「えー、そんなことを言われても、成功していないかもしれないじゃないか」と思う人もいるかもしれないが、ひとつ思い出してみてほしい。書き下ろし文庫でもない限り、文庫になる作品というのは、まず単行本で世に出て、それなりの売上や人気があったので、数年をおいて文庫化される。つまり、文庫になるというだけで、本としては「成功作」と考えられるのだ。この期《ご》に及んで、「作者であればもっと完成度の高い小説に仕上げることもできたであろうに、ちょっと残念である」などと苦言を呈するのは野暮《やぼ》というものだ。

また、何度も言うように、文庫の解説は作者にケンカを売ったり批評家としての自分の腕を見せたりする場ではなく、あくまで作者をたたえ、この本を買った読者を納得、満足させるためにあることを忘れてはならない。もし、どうしてもその作品が嫌いなら、解説の依頼があった時点で断っていたはずだ。だから、「やりましょう」と引き受けたからには、解説者には最後まで作品を持ち上げる義務がある。

評論家としては名うての川村氏も、この作法に則《のっと》って、『昔みたい』を「現代における古典」とまで評している。このように、最後の賞賛は「そんな大げさな」と思われるくらいでちょうどよいのだ。

このほかにも手元の文庫を何冊か見てみると、最後の一文はだいたいたいテイストが似ていることがわかる。

なおこの作品は、○○シリーズの第三作にあたるものであるが、ここから逆に第二作、第一作とたどってみても、また作者の文学世界を存分に楽しめるのではないだろうか。

この名エッセイストの本領が、そのまま本作においても十分に発揮されている。まったく読んでいて厭《あ》きさせることがない。まさに名人芸といえよう。

こうして見ると、「現代の古典」「存分に楽しめる」「名人芸」「傑作中の傑作」など、いくつかの言葉が必須であることがわかる。

そう、これは結婚披露宴の祝辞で、「このふたりこそ、現代の若者たちの手本となるべき理想の男女といえましょう」「日本の未来は、まさにいま誕生したばかりのこの夫婦の肩にかかっていると言っても、決して大げさではないのです」などと新郎新婦を持ち上げるのにも似ている。ここで、「理想の男女」「日本の未来を担う」などという言葉を真に受けて、「いや、ちょっと待ってくれよ。この人たちはとても理想的な若者とは言えないんじゃない?」などとツッコム人はいないだろう。

解説の最後は、なるべく派手な〝はなむけの言葉〟でしめくくろう。

8章

カルテ書きから学んだ「効果的な書き方」

一字一句漏らさぬように書く？

文章を写経のようにサラサラ書く。ここまでその書き方を説明してきたわけだが、これには、事実や自分の感情を客観的に書くことがとても重要であることに、お気づきのことと思う。

この章では、「客観的に書く方法」としてカルテ書きを紹介したい。実は、私自身にとっても、このカルテ書きから客観的に書く力を学んだところが多いのだ。

精神科医はカルテをたくさん書くわけだから、書くのは得意でしょう、と言われることがある。しかし、そうとは限らない。カルテの書き方にも、時代の流れや科ごとの違いといったものがあり、私はあるときからそれまでのカルテの書き方を一変させなければならなくなり、たいへんに苦労した。その体験談やそこから学んだことをちょっとお話ししよう。

私が現在、医師として勤務しているのは、総合クリニックの精神科だ。

「総合クリニック」とは聞き慣れない名称かもしれないが、要は内科、婦人科、皮膚科、心療内科など、いろいろな科の外来診療が同じフロアで行われているクリニックだ。

患者さんには、内科と婦人科、精神科など複数の科の受診をひとつの施設ですませることができる、というメリットがある。また、「婦人科のついでに不眠のほうもちょっと診てもらおう」と考えることによって、精神科や心療内科にかかる抵抗も減らすことができる。

また、医療者の側にもメリットがある。私がいつも使っている部屋の隣には内科の先生がおり、そのまた隣で乳腺科の先生が検診などを行っているので、ちょっとわからないことがあるときには、気軽に「先生、うつ病の薬といっしょに使える薬って何?」と声をかけてきくことができる。看護師などのスタッフたちもみなスペシャリストではなくてジェネラリストを自認しており、「私は精神科のナースだから、婦人科のことはわかりません」などとは言わない。科のあいだの垣根《かきね》が低いのだ。

カルテの書き方も、ほかの医療施設とはちょっとした違いがある。精神科のカルテは、患者さんの言った言葉をそのままひたすら記録する、というスタイルが一般的だ。今の研修医向けの教科書には、「患者が語った内容を、大事な点はそのまま、そうでない点は要約して記載する。治療者側からの発言内容も同様に記載する。特に、どういう助言や指示を行ったかは明記する」などと書かれているが、私が研修医だった頃は、「とにかく患者の発言も医者の発言も一字一句漏らさぬように書け」と言われた。もちろん、その合い間に見立てや治療方針などもメモしていかなければならない。

「一字一句」というのは大げさにしても、なるべくその方針でカルテを書いていくと、次にあげるような初診時のカルテができ上がることになる（注・次のケースは架空のものである）。

からだ中が痛い。眠れない。

…しかめ面でイライラしたように訴える。服装は整っているが、化粧がどこかチグハグ。

（いつから？）えーと、三年前。

（何か思いあたるきっかけは？）ひどくなったんですよね、いきなり。

（何が？）ええ、ですから。

…しきりと膝の上で組んだ手を動かす。答えたくなさそう。

（言える範囲でいいですよ）隣の家からレーザーが来て。それまでは電波だけだったのに。

最新装置が入ったんですよ、向こうに。

…不眠の原因は、体感幻覚、妄想！　統合失調症かパラノイア？　初発だとすると年齢が高すぎる。だとすれば時期は？

（電波。それはたいへんでした。いつから？）まあ、子どもが幼稚園くらいから。

（じゃ、三十年くらい前から）そうなりますね。

…三十年！　やはり病的体験の出現はかなり昔。統合失調症の慢性期？　これまで未治療か。

（ずっと我慢を）そうですよ、だから本当は病院に来るべきなのは隣の人なんです。今日は会社の健康相談室のカウンセラーに勧められて来たのですが、どうして私が来なきゃならないのか、わかりません。

…病識（注・病気だという自覚）は完全に欠如!!　ここから服薬まで持っていけるか？　家族の協力は？　病名告知は？

（以下続く）


あえてもっとも整理の悪いカルテを示してみたが、この中で「（　）」に書かれているのは治療者側の発言、「…」以下は患者さんから得られる発言以外の情報（外見、行動、表情など)、治療者の〝心の声〟、気づいたことや検討事項などである。

こういった芝居の台本にト書きがついたようなカルテが、ここではすべて日本語にしたが、英語などの専門用語を交えて書かれている。「英語など」としたのは、精神科の専門用語の場合、いまだに一部の医者はドイツ語あるいはフランス語も使っているからだ。

私自身は、ドイツ精神医学の流れがまだ色濃く残る時代の北海道大学精神科で研修を受けたものだから、ついカルテにも半端なドイツ語を書いてしまう。しかも、「Wahn＝妄想」といった専門用語だけではなくて先輩が使っていた一部の接続詞や形容詞、副詞(aber＝しかし、ganz＝まったく、など)もドイツ語で記してしまうことがあるので、「ganz 眠れない」などまったくおかしな文章になる。こういうカルテは、本人以外はまず判読できない、と言ってもよいだろう。

精神外科のカルテ

私が愛読しているブログに、「kyupinの日記　気が向けば更新(精神科医のブログ)」というのがある（http://ameblo.jp/kyupin/）。精神科病院の院長というこの書き手は、おそらく私と似たような年齢だと思われるが、精神医療に対する誠実な姿勢や動物好きでユーモラスな人柄が、ブログの文章を通して伝わってくる。

このkyupin先生が、二〇〇七年四月に「精神科医のカルテ」というタイトルのブログを書いている。ここに書かれているのも、私のような脚本、台本形式のカルテのことのようだ。ブログから引用させてもらおう。

精神科医のカルテの書き方は人によって差があるが、患者さんの話すことをそのまま書くことが多いため、他科に比べて日本語の部分が多くなるのではないかと思う。英語ないしドイツ語ないしフランス語の部分は非常に限られているのである。僕は医局に入った頃から特に日本語が多かった。それもひらがなが多いのである。このブログは勝手にひらがなを漢字に変換してくれるので非常に助かる。

私のように、とにかく「まるごと記述」を行っていたkyupin先生。当然、カルテにはものすごいスピードでたくさんの文字を書かなければならなくなる。その結果、次のような問題が生じたという。

大学を卒業後2年目くらいで、急に字が下手になったというか、読み辛い字になってしまった。この当時はまだ良かった。他の人も解読できたから。精神科医は書くことが仕事ではあるけど書けば書くほど下手になるってどういうことよ。最近は、一段と読み辛いようになったので、病歴はパソコンで書いて印刷して貼るようにしている。今では自分で書いたカルテでも、たまに何を書いているかわからないことがある。

とはいえ、また「字がちょっと下手になった」というだけなら、その医者だけの問題だからよい。もっと困るのは、やはりカルテが他の人たちからは判読不能になることだ、とkyupin先生も思っているようだ。

だいたい、英語ないし意味不明のドイツ語、というかわけわからん宇宙語で書いてあって読めないカルテより、ひらがなの多い日本語のカルテの方が100倍マシと思うぞ。ある時、全然読めないカルテを見ていたら、どうやら専門用語の間のアルファベットはローマ字の日本語記載であることを発見。ある謎が解けた瞬間だった。

(中略)

患者さんは精神科医のカルテを気にして覗き込む人はめったにいないけど、あれを仔細に見たら絶句すると思うよ。

これはどうみても知能指数80以下だな・・

と、ショックを受けるから。


kyupin先生のブログには、精神科にかかったことがある、いま治療を受けている、というわゆる当事者や元当事者のファンもたくさんいるのだが、この日は「偶然私の主治医のカルテを見てしまう機会がありました。あまりにも達筆(反語(笑))で何書いてるか判別不能」といったコメントも多かった。

POS方式カルテとSOAP方式カルテ

ところが私のいるクリニックで三年ほど前、ある〝事件〟が起きた。科のあいだの違いをなるべく小さく、という本来の方針に則って、カルテの書式もすべての科で統一したほうがよい、という動きが高まってきたのだ。

そのときに推奨されたのが、いま多くの医療機関で使われている「**POS方式**」と呼ばれるカルテの書き方であった。内科や婦人科の先生たちの中にはすでにこの方式でカルテを書いている人もいたのだが、私にとってはまったくの初体験。クリニックから配られたマニュアルだけでは到底、理解できず、あわてて本屋で関連書籍を買い込んで読むことになった。まさに〝四十の手習い〟である。そしてそこに書かれていたのは、これまでの自分のカルテの書き方を全否定するようなことばかりであったのだ。

私にとっては青天の霹靂《へきれき》であったこのPOS方式の導入は、医師としての私にとってはかなり高いハードルであったことはたしかだ。ただそれと同時に、「診療するということ」ばかりか「書くということ」についても大事なことを考えさせてくれるひとつの転換点にもなったのである。

ＰＯＳ方式とは、正式には「問題指向型方式Problem Oriented System」と言われるもので、患者さんの抱える医学的、精神的、社会的問題点にスポットを当てながら、患者を総合的に診療していく方式のこととされている。もっと言えば、ただだらだらと診察を行うのではなくて、常に「いま問題なのは何か」を念頭に置いて、それを解決すべく方針を立て、治療を進める、ということが忘れられてはならないのである。

それだけでは何のことかわからないと思うが、具体的にはこの方式ではカルテは、①基礎データ、②問題リスト、③初期計画、④経過観察、⑤退院時要約、の五つのパートに分けて記入される（この場合、私が勤務しているのは入院施設を持たないクリニックだから、⑤は関係ない）。

まずこの方式の中で特徴的なのが、②の問題リストのパートだ。

問題リストのパートでは、①基礎データのパートで集められた情報を元に、患者さんがかかえる問題点を、優先順位をつけながら整理する。場合によっては、それは身体的問題、精神的問題、社会的問題に分けられることもある。

そして、この時点で何をどういう順番で解決していけばよいか、を総合的に判断して、治療の指針や優先順に箇条書きし、患者を総合的に考察し、③の初期計画を立てていくのである。

この方式中、①、②、③までは、初診の段階で記述されなければならないものだ。症状や疾患によっては、初診のときに③までがっちり決まれば、その効果が出て④はごく短期間で終わる、という場合もある。

ところが精神科では、一般的にひとりの通院期間は数カ月から数年に及ぶ。私自身、現在のクリニックに勤務してもう十年近くたつが、最初の頃からずっと通い続けている人も数人いる。

そうなると、カルテのほとんどは④の経過観察のパートで占められることになるのだが、ここにこのＰＯＳ方式の最大の特徴があるのだ。

ここでは②で作成した問題リストを念頭に、Subject / Object / Assessment / Planの四つの項に分けながら、患者さんの状態や治療方針を記入していく。この記述の仕方だけを独立させて、「**ＳＯＡＰ方式**」と呼んでいる人もいる。

それぞれについて簡単に説明しよう。

・S（Subject）主観的所見

Subjectには主訴《しゅそ》やその他の新たな事柄に対する患者の訴え、自覚症状を記入する。家族やケアスタッフからの訴え、希望もこの部分に書き込む。

・O（Object）他覚的所見

〝S〟で訴えられた内容に対する検査や観察などの他覚的所見を記入する。特に訴えがない場合でも、バイタルサイン（血圧、心拍数、呼吸数）などの定期チェック項目があれば記録する。もちろんその他に治療者が見つけた異常所見があれば書き込む。

・A（Assessment）評価

〝S〟と〝O〟から得られた情報を元にして考察・評価した内容を書き込む。具体的には「順調」や「悪化」などの症状に対する評価やその理由、問題解決のために考えた指導や働きかけに対する評価が含まれる。

・P（Plan）計画

Planではassessmentを元にした今回の治療内容や今後の検査などの情報収集計画を箇

条書きにする。今までの計画の変更や中止があれば書き添える。

これまで舞台の台本のようなカルテを書いていたのに、いきなり問題を「ＳＯＡＰ」に整理して書かなければならなくなったのだ。

たとえば、前述の患者さんに初診時、なんとか薬を飲むことを納得してもらったとして、次の週の診察の内容をこの方式で書くとしたら、どうなるだろう。

（Ｓ）前回の受診後、どうしても納得いかず、薬を飲まなかった。①レーザーは同じ、②眠れないのも同じ、③話を聞いてもらったのでちょっとほっとした。
問題点…眠れないのを何とかしてほしい。
（Ｏ）表情はやや柔らかい。血圧140/78
（Ａ）薬を飲んでいないので、病的体験、不眠が継続している。主治医との信頼関係はできつつある。
（Ｐ）再度、服薬の説得。副作用の出現を最小限にするため、薬をＡからＢに変更。とりあえず隣家には怒鳴り込まない。日常生活はこのまま継続することをすすめる。

不眠がつらいものであることに理解を示す。一週間後に再診を。

どうだろう。たしかにこういった書き方なら、少なくとも医療者間で情報を共有することはできそうだ。万が一、私から別の精神科医に主治医が移った場合でも、このカルテを読めばどんな症状があり、どんな治療が行われたのかは、一目瞭然だろう。

しかし、私にとってはこれまで慣れ親しんだ「ダラダラ書き」を「POS方式」に変更するのは、かなりたいへんなことであった。患者さんが「先生、あのー、私……」と話し出しても、それをそのままメモするように書くわけにはいかず、ひと通り聴いたあとに、振り返ってそれをPOSやSOAPに整理・分類して記述しなければならない。

とはいえ、患者さんを診察室から出して、それからゆっくりカルテを書くほどの時間は用意されていない。目の前の患者さんの話をリアルタイムで聴きながら、テープを一分だけ、三分だけ、とそのつど巻き戻しながら、問題リストを作り、治療計画を立てていかなければならないのだ。

それに、〝心のつぶやき〟や患者さんの言葉そのものなどをそのつど、ト書きのように記載できなくなったことなどにより、カルテとしてはあまりにあっさりしすぎているのではないか、という疑問も残った。「精神医療の情報というのは人間の情報だ。それをPOSなんかで箇条書きにできるわけないじゃないか！」「そうだ、きっとこんな方式を導入することにより、本当に大切なことや微妙なニュアンスを見落として、治療にもさしつかえが出てくるに違いない！」などと、同じ世代の精神科医たちと飲み屋でグチをこぼしたこともあった。

考えながら書く

ただ、このPOS方式と悪戦苦闘するうちに私自身、いろいろと気づくことが出てきた。まず、ただ聴いてそのまま書きとめていたときより、「考えながら書く」というPOSになってからのほうが、確実に頭を使うようになった。また、目の前の話にのめり込んでは客観的に整理・分類ができないので、どんなに悲惨な話、異常な話を聴かされても、それと少し距離が取れるようになった。

もちろん、あまりに距離を取りすぎて他人事《ひとごと》のような態度になっては患者さんの信用を失うので、全体としては「うんうん。それはたいへんですね」と熱心に話を聴きながら、脳の一部をクールなままに保ち「この場合、A（評価）は……」などと考えなければならない。最初は「そんな離れ業はムリ」と思ったが、「必要は発明の母」と言おうか、何度もやっているうちに次第にそれなりにできるようになっていった。**脳というのはそうやって「八〇%は熱く、二〇%はクールに」と分けて使うこともできる**のだ、ということを身をもって体験したのだ。

それにいちばん興味深かったのは、何カ月、何年とPOS方式を使っている中で、最初に精神科医仲間と予想したような「治療へのさしつかえ」はいっこうに生じなかった、ということである。治療成績が上がった、と自信を持って言えるほどのデータはないのだが、少なくとも「大切なことを見逃す」とか「その人の本質が伝わらない」といったことはなかった。

こういった経験を通して、私は「これまでカルテ三ページ、四ページにわたってダラダラ書いていたのは、いったい何だったのだろう？」と考えるようになった。やはりカルテも長く書けばよい、というわけではないのだ。それに、とくに治療という目的がはっきりしている場合などは、情報が多ければよいというわけでもなければ、微妙なニュアンスや自分の感情がいっぱい書かれていたほうがよいというわけでもない。もしかしたら、そんなものはむしろ邪魔になるのかもしれない。

このPOSという方式やそのもとになる発想は、私たちがふだんの文章を書くときや、ものごとを考えるときにも応用可能なのではないだろうか。


簡単な例をあげてみよう。

「会社に好きな人がいるのに、なかなか振り向いてもらえない」という状態にある人が、それを文章にまとめるとしよう。

ここで多くの人は、次のようなことを書きたくなるのではないか。


僕の心は、あの子のことでいっぱいなのに。彼女のためなら何でもしてあげるのに。どうして彼女は、僕のほうを見てくれないのだろう?

仕事のときはいつも彼女は僕に協力的で、雑談にもよく応じてくれる。昨日だって終わったばかりの「二十四時間テレビ」の話題で盛り上がった。だから僕のことがきらい、ということは絶対ないはずだ。

でも、彼女はもしかすると今の仕事に満足しておらず、留学か何か、考えているような気がする。机の上に、留学に関するガイドブックがあるのを僕は見てしまった。
もし彼女が僕に留学の相談をしてきたら、僕はどうすればいいのだろう……？

これは、典型的なダラダラ書きだ。本人にとっては深刻な問題かもしれないが、こういう書き方をしていては、心の整理にも問題解決にも何の役にも立たない。もちろん、これを読まされる人もたまったものではない。
ここで問題をあえてＰＯＳ方式の「ＳＯＡＰ」で整理してみよう。

（Ｓ）彼女が好きなのに振り向いてくれない。
（Ｏ）仕事では協力的。でも、彼女自身は仕事で問題を抱えている。
（Ａ）彼女の仕事の問題を解決してあげれば、事態は変わりそうだ。
（Ｐ）まずは、映画や食事に誘うのではなく、仕事の相談に乗ってあげよう。

これまた、あまりにもあっさりしすぎているように見えるが、「Ｐ」の部分を次のように分けることで、深みを持たせることもできる。

（S）彼女が泣きながらトイレから出てきた。
（O）上司から叱責《しっせき》されたようだ。
（A）仕事の失敗か、それともプライベートな問題かな？
（P）
Rx：とにかく慰めてあげよう。
Dx：何があったかよく聞いて原因を突きとめよう。
Ex：もう大丈夫だから泣かなくていいと話して、安心させてあげよう。
＊Rx＝治療計画、Dx＝診断計画、Ex＝教育計画

このように、最初は「物足りない」と思うかもしれないが、**まずは問題を整理して書き、やるべきことに優先順位をつけるだけで、ずいぶん見通しはよくなる**はずだ。

文学的にいかに凝るか、人目をひきつけるインパクトはどうすれば加えられるか、といった話は、その先のことなのだ。

「4行日記」は有効か？

長くダラダラと書けばよいわけではない。

目の前で起きていることを、時系列順にそのまま書き連ねていけばよいわけではない。

POS方式のカルテを書かなければならないことになり私が痛切に感じたのは、このふたつであった。

しかし、この考え方を本当に上記のようにカルテ以外の文章や発想にもそのまま応用することはできるものなのだろうか。

そう考えつつ、「似たようなことをやっている人はいないか」とちょっと気をつけて書店やネットを見わたしてみると、やはりすでに同様の発想から文章術を語っている人たちがいた。これは文章の書き方に限ったことではなく、「これは私だけの発見だ！」と思ったどんなことにもすでに多数の先人が存在する、というのが、これまでの人生から得られた私の教訓だ。自分が何か〝本当のオリジナル〟を創り出せる、などというのは、おおいなる奢《おご》りだと思う。

その「POSに似た文章術」は、『一日5分目的・目標を達成させる4行日記―成功者になる！「未来日記」のつくり方』（小林惠智、インデックス・コミュニケーションズ、二〇〇七）や『「手帳ブログ」のススメ』（大橋悦夫、翔泳社、二〇〇六）などで紹介されている。「4行日記」のほうは座禅とセットになって今やひとつのムーブメントにまでなっているようで、いろいろなセミナーや講演会が行われている。

では、そこで説かれている「文章の書き方」とは、具体的にはいったいどういうものなのか。もっとも一般的な「4行日記」のパターンを紹介しよう。

1行目：事実（その日あったことをそのまま書く。著者の解釈が入ってはならない）
2行目：気づき（その事実について気づいたこと、反省。あくまで事実から得られたものであるべき）
3行目：教訓（次の行動への目標。抽象化されている必要がある）
4行目：宣言（目標を達成した後の自分をイメージ。能動体で書くことが必要）

これにならって営業マンが日記を書いたとすると、次のようになるという。

1行目：事実　売上数字が上がらない。
2行目：気づき　伝わるトークは相手によって違う。
3行目：教訓　人を見て法を説け。
4行目：宣言　私は、担当者を味方につけている営業マンです。

これを、POS方式の中の「SOAP」と比較するとどうなるだろう。「S＝主観的所見」にあたる部分は、実は「4行日記」では欠けている。これを抜かして、1行目にいきなり「O＝他覚的、客観的所見」だけを書け、と言うのだ。だから、「売上が上がらず悲しい、憂うつだ」ではなく、ただ「売上が上がらない」だけでよいということになる。

「A＝評価」にあたる部分は、そのまま2行目の「気づき」に相当すると考えられる。

そして「4行日記」の最大の特徴が、3行目の「教訓（しかも抽象的な）」である。これは、SOAPのカルテには絶対に登場しない。たとえば、患者さんに服薬をすすめ、その人が逆ギレして怒鳴り出したからといって、「さわらぬ神にたたりなし」とカルテに教訓を記載する、などといったことはありえない。

しかも、よく考えれば、なるべく客観的に事実を記載する1行目、そこから得られた反省を記す2行目から、いきなり3行目の抽象的な教訓を引き出す、というのはかなりの無理、飛躍があるようにも思う。

そのあたりを検討する前に、とりあえず4行目を見てみよう。ここでは前向きな宣言を断定的に能動体で書くように、と言われている。そこから出てくる「私は、担当者を味方につけている営業マンです」という〝宣言〟はたしかにインパクトがあり、これこそが「4行日記」の最大の山場のようにも思えるが、はたしてそうなのだろうか。

SOAPではこの行は「P＝プラン」に相当するはずであり、実際にこれを「味方の多い営業マンになりたい（あるいはなるべき）」と考えれば、「プラン」だと言えなくもない。

ただ、SOAPでは所見と評価がきちんとできれば自ずとPも決まってくると考えられるが、「Sなし、O、A、いきなり抽象的教訓」という順番で展開してきて、そこから現実的なプランに着地できるのだろうか。この営業マンの場合も、どうやらトークに問題があり、コミュニケーションがうまくいかないために売上業績が上がっていないようだが、SOAPで考えていけば、この部分は「まずは自分のトークの方法が間違っていないか、同僚にチェックしてもらおう」とか「プロのトーク術を身につけるために、参考書をあたってみよう」となるはずだ。それを「私のクライアントはすでに味方だ！」と宣言してしまうのは、「プラン」ではなく、もはや幻想、自己暗示の領域と言えよう。

もちろん、ここで堂々と幻想を現実のように書くことができるのは、3行目の飛躍があってこそのことである。そういう意味で、「4行日記」というのは3行目で大きくジャンプし、4行目では現実とは違うところに着地するためのもの、と言ってもよさそうだ。

それにもかかわらず、こういった4行形式あるいは類似の文章術が次々に本になるのは、どうしてなのだろう。

事実を見つめ、現実を少しでも良い方向に導く

わかりやすい理由は「短くてすむ」ということだと思うが、それより大きな〝影の理由〟があるのではないか。それはズバリ、「誰も本当のことなど書きたくない、現実的な解決など望んでいない」ということだ。

カルテは原則的に事実を客観的に記し、もっとも現実的で効果的な治療法を導き出すためのものでなければならない。いくらそれが医者や患者に夢や希望を与えるものであっても、

そこに願望や幻想を記すことはできないのである。患者としてはカルテをのぞいたときに、「この人は天才である！」とか「先日まであった異常所見はすべて消えた！」といった記述があってほしい、と思うかもしれないが、残念ながらそういうことが書かれている場合は少ない。そうではなく、そこにあるのは「まだガン細胞は残っているが、この所見であればあの抗ガン剤がもっとも妥当」といった、〝身も蓋もない現実、事実〟だ。

しかし、その〝身も蓋もない現実、事実〟の部分を少しでも何とかしなければ、実際には症状や病気を改善、治癒に導くことはできない。

それに対して、「事実、気づき、教訓、宣言」からなる「4行日記」は一見、シンプルで客観的、現実的に見えるが、実は最後に到達するのは、現実を本当に変えてくれるかどうかもわからない夢や願望でしかない。それが潜在意識に働きかけることによってその気になり、実際に数カ月後には「クライアントを味方につける営業マン」になっている、という場合もあるかもしれないが、本当はその人のトークに問題があるのにそこには手をつけず、ただポジティブな宣言だけを繰り返しても、現実は一ミリも動かない場合もあるのではないか。

POS方式、SOAP方式のカルテは、医療現場での大きな失敗を防ぎ、事態を何%かでも良い方向に持っていくことができる。

「4行日記」は、場合によってはその人が直面している現実をガラリと変えてくれるかもしれないが、逆にまったく問題を解決してくれないこともある。ある意味で賭けのようなものだ。しかも、現実の問題がさっぱり解決されず、売上が一円も伸びなくても、誰も責任は取ってくれないのだ。

ここで私たちは、文章、とくに自分のことや身の回りのことを書くときに、大きな選択をしなければならないことがわかる。

それは、自分は「**事実を見つめ、客観的に書いていくことで、現実を少しでも良い方向に導きたいのか**」、それとも「事実から多少、目をそらすことになっても、自分を励まし、夢を与えるようなことを書いて、一発逆転を狙いたいのか」というチョイスだ。

実は、この選択は「どう書くか」というスタイルや技術の選択よりも、よほど重要で本質的なものであるように思う。そのことは、POS方式のカルテと「4行日記」というちょっと見たところではほとんど同じスタイルを持つふたつの「書き方」が、その本質やゴールにおいてまったく異なっていることを見てきて、明らかになったのではないだろうか。

もちろん、「私は事実をまっすぐ見すえるのはイヤだ。少し無理や飛躍があっても、自分にとって刺激を与え、大きな力や希望になるようなことを書きたい」と思う人もいるだろう。そして、ネットに無数に存在するブログのほとんどは、超長文あり、「4行日記」や俳句形式あり、と長さやスタイルこそいろいろだが、この「刺激や夢がいっぱい」タイプであるように思う。

このような自分への宣言、ポジティブなメッセージ、あるいは飛躍や無理、ときにはほとんどウソと思われる記述でいっぱいのブログは、はたして本当に自分のためになり、読者を喜ばせているのだろうか。

次の章で、文章において刺激や幻想、ポジティブさを追いすぎたあまり、悲劇に陥ったケースも取り上げてみたいと考えている。

9章

小説家タイプ・評論家タイプの書き方

作家はどうやって作家になるのか

文章を書いて生活している人の代表、それは作家だ。

日本に「作家」と呼ばれる人は、いったい何人くらいいるのだろう。「日本文藝家協会」の会員数は約二五〇〇人と言われるが、ここに登録している人の全員がいわゆる〝筆一本〟で食べているわけではない。また、「作家」に限らず、雑誌や新聞、広報誌などに原稿を書いて生計を立てる「ライター」や「評論家」を入れると、その数はもっと多いようにも思う。

そして「作家」や「ライター」の数よりずっと多いのが、「作家やライターになりたい」と思う人たちだ。老舗《しにせ》の文芸誌などの新人賞への応募数は、毎年、それぞれ数千篇にも及ぶという。冗談めかして「毎月の雑誌の実売部数より、応募数のほうが多い」と言う編集者もいる。

この傾向は日本だけに限ったことではないようで、自己愛的傾向を持つ人に関するアメリカの精神医学の論文を読んでいたら、「顕在的《けんざい》自己愛を持つ人のほとんどは俳優になりたいと、潜在的《せんざい》自己愛の人の大半は作家になりたいという願望を持つ」という記述に出くわしたことがあった。いずれにしても「作家」というのは、とくに若い人たちにとってはかなりのあこがれであり、満足度の高い職業なのではないかと思われる。

しかし、生まれつき作家という人はいない。世の中には二世議員、二世社長など、世襲で高い社会的ポジションにつく人もたくさんいるが、作家の子どもというだけでは作家にはなれない。「二世作家」と呼ばれる人たちもいるにはいるものの、彼らも何も書かずに作家になったわけではない。

では、彼らはいったいどうやって作家になったのだろう。

活躍する作家たちが自ら語った〝作家への道〟が、「インターネットもの書き塾」というユニークなサイトに集められている(http://www.shuppanjin.com)。これを「著名作家に学べ作家魂」という冊子にまとめたサイトの主宰者のひとり、上山明彦氏はこう書いている。

作家になるには、これという決まった道があるわけではない。どこの学校を出ようと、どういう職業に就こうと、有利になるわけではない。この原稿では、そのたくさんの例を集めているが、それをどう役立てるかは、読者のみなさん次第である。

そう言われると、少しでも作家志望の人たちは、ますます「決まった道がないなら、私にもそのチャンスがあるかも」と思うのではないだろうか。

実際に、この冊子で紹介されているエピソードや物語を読むと、〝作家への道〟は本当に千差万別《せんさばんべつ》であることがわかる。たとえば、宮部みゆきは講談社関連の小説教室に通い、懸賞小説に片っ端から投稿したという。また、浅田次郎はデビュー前の持ち込み時代から、自分を小説家と称し、お金のための仕事を「商売」と呼び、お金にならない執筆のほうを「仕事」と呼んでいたそうだ。

津本陽が三十四歳のときに「どんなに出世した者も、どんなに蓄財した者も、死ねばおしまいである」と唐突に思って会社を辞め、小説を書き始めた、というエピソードを紹介している。彼が『深重《じんじゅう》の海』でデビューを果たすのは、四十八歳になってからだ。修行時代は実に十四年にも及んだことになる。

こういった千差万別の道を紹介しながら、上山氏は言う。

結局のところ、何のために書くのかは書き手次第ということになる。他人のマネをしようとしてもできるものではない。やる気もおきない。ほとんどの書き手が「自分のため」ということになる。「健康的」であれ「不健康」であれ、自分のやる気を呼び起こして書いていくのがもっとも才能を伸ばすやり方である。そう決めたら余計なことは考えず、作品の完成に向かって集中することだ。

生まれつき作家という人はいないし、どうやら簡単になれるものでもないらしい。しかし、懸賞小説への投稿や出版社への持ち込みを繰り返しても、十数年にも及ぶ修行時代を積んでも、作家というのはなりたいもの、あるいはなる価値のあるものらしい。そして、「書くことを職業とすること」はお金のためや名誉のためというより、むしろ「自分のため」になるようでもある、ということがわかる。

作家が書くことをやめるとき

では、そこまで苦労しても書き続け、作家になることが、彼らにとってどういう形で「自分のため」になっているのだろう。

そのことを考えるために、「書くことをやめた作家」の問題を取り上げてみよう。

古今東西、書くことを自分で積極的にやめた作家、やめざるをえなくなった作家も多数いるが、彼らはなぜ筆を折ったのか。また、やめた後はどうなったのか。そのことを考えれば、「書くことはどう自分のためになるのか」という問題も明らかになりそうだからである。

「断筆」と言えば私たちがまず思い出すのは、一九九三年に断筆宣言を行った作家・筒井康隆だ。

筒井氏が断筆したのは、作品が書けなくなったからではなく、自分の作品をめぐる取り扱いに対する異議申し立てのためであった。九三年、角川書店発行の高校国語の教科書に収録されることになった作品に含まれていた「てんかん」の記述が、差別的であるとして日本てんかん協会から抗議を受けたことが、ことの始まりだ。その後、角川書店は教科書から『無人警察』を削除。それに怒った筒井氏は、当時の雑誌連載コラムの中で断筆を宣言したのだ。

しかし、筒井氏は断筆期間中にも「筒井康隆断筆祭」を開催して演奏をしたり、俳優として舞台に出演したり、と表現者としては旺盛《おうせい》に活動を続け、九七年には執筆を再開、九九年に発表した『わたしのグランパ』では読売文学賞も受賞した。そういう意味では、筒井氏にとっての断筆は、社会的メッセージであるとともに、その後に続く飛躍の準備期間とも考えられ、「書くことをやめた」とは正確には言いがたいかもしれない。

実際に二〇〇八年一月に実験的小説『ダンシング・ヴァニティ』（新潮社）を発表した際にも、インタビューに答えて「読者が新しいことを求めていますんでね」「文学は終わった。もう書くことがない。すぐにそう言いたがる人がいる。何を言ってるんだと思うね」と、書くことへの旺盛な意欲を見せている。

おそらく断筆宣言をしたときの筒井氏は、「表現活動の場が原稿用紙から舞台やスクリーンに移っただけ」という気持ちで、表現者としての本人のスタンスには変わりはない、と考えたのだろう。ところが四年弱の断筆期間を経てまた執筆の世界に戻ってきたのは、おそらく筒井氏自身、音楽や演劇ではどうしても表現しきれないものがある、と強く感じたことの結果なのだろう。

筒井氏の場合は、あえて断筆をしたわけだが、書きたくても書けなくなり、また書くことを通して再生を遂げた作家もいる。たとえば、直木賞作家の山本文緒氏もそのひとりだ。『恋愛中毒』『プラナリア』などで多くの女性読者から支持されている山本文緒氏は、直木賞を受賞し、さらに恋人と結婚、という幸福の絶頂期にうつ症状を発症した。

調子を崩して入退院を繰り返した日々をつづった『再婚生活』（角川書店、二〇〇七）で、山本氏は最初の不調の波についてこう語る。

どうしてそんなことになってしまったのかは、もうほんとに呆《あき》れるくらい長いし、今となっては原因なんて結局のところよくわからない。ただ二年前くらいから常に気持ちが疲れていて、でもなんとか日々の最低限の仕事をこなすくらいのことはできて、調子が戻ったかのようにみえたときもあったし、自分でもまさかこんなに悪くしてしまうとはと驚きました。

そして山本氏は連載していた小説も休載にして入院し、退院して復帰第一弾としてこの日記を書き始めるのだ。そのことについては山本氏はこう言う。

こんな状態でも、そろそろもう、パソコンに向かって字を書きたい気持ちが大きいです。入退院をきっかけに仕事のスケジュールもイチから見直して再出発することにしました。書きかけの原稿が何本もあるので、ゆっくりと最初から順番に仕上げていけたらと思っています。

しかし結局、その後、再び不調の波に見舞われて再入院。しばらくは病院でも日記を書き続けていたが、病状の悪化により途中で中断。後に山本氏はこう自らを茶化している。

うつ病で入院している人間が病室にパソコン持ち込んで仕事してはいかんざき！

とはいえ、退院するとまたすぐに書き始める。

ほんのちょっと前まで、何もする気が湧かなかった私ですが、元気になってきたら、文章が書きたくなっていました。一度はこの仕事をやめてしまおうかとすら思い詰めたこともあったので、やはりどんな形であれ、ものを書くのが私は好きみたいです。それがわかったことも病気をしてよかったことのひとつです。

山本氏にとって、書くことはうつ病を悪化させるほどの負担にもなるが、やはりどうしてもやめられないことでもある。そして、少しでも気分がよいときは、やはり何より先に「書きたい」と思ってしまい、元気さのバロメーターにもなることがある。

作家と趣味で書く人の決定的違い

こうなると、書くことというのが、心の安定や回復にとってマイナスなのか、それともプラスなのかもわからない。

ただ、この章で紹介した浅田次郎、津本陽、宮部みゆき、筒井康隆、山本文緒という作家たちに共通して言えるのは、たとえそれが自分にとって社会的、経済的、心理的にマイナスになるとわかっていても、どうしても文章を書くという手段で表現しなければならない何かが彼ら、彼女らの中にはある、ということだ。

そして、この感覚は程度の差こそあれ、どんな人の中にもひそんでいるものだと思う。**作家というのは、「文章でしか表現できない何かがあり、それを書かずにはいられない」という感覚が人より強い人のこと**なのだろう。もちろん、書くための技術やそれを発表するためのチャンスに恵まれていることも必要だ。

作家はそれを自覚し、自らを律しなければならない、と山本氏は言う。

> 世の中に向かって表現をできる技術を持っている人間は恵まれている。だからこそ自重も含め慎重にならなければいけない気がする。（中略）
> 自分の名前で何かを問いかける事は大変な勇気がいることだ。だからといって何でも書いていいかというとそうではないだろう。フィクションでもノンフィクションでも、目をそらしたくなるようなことでも見なければいけないこともある。でも見たくないものを見せられる不愉快さというものも存在すると思う。（中略）存在するのは分かっているが、こちらから積極的に見ようとしていないときに白日の下にぽんとさらしてほしくない。

もちろんこの意見に対して、「いや、時には一般の人が見たくないものもあえて表現するのが作家の使命だ」と反論する作家もいるだろう。

おそらく作家が本当に悩むのは、この「どこまで書いていいのか」というギリギリの線引きについてなのではないか。誰もが読みたがる心温まる物語や美しい恋愛などをいかに上手く書くか、といったことはあまり問題にはならない。**本当に問題になるのは、「書かないほ**

うがいいことや、書くことで自分のマイナスになったり読者を不愉快にさせたりすることをどう書くか」ということなのだ。

こうやって考えてくると、やはりブロガーや趣味で書く人とプロの作家とのあいだには、決定的な違いがあるような気がする。また、書くのを職業としている人の中でも、エッセイやルポや論文のような文章を書く人と、言葉や文章を作り出していく小説家とのあいだには大きな違いがある。

「どこまで書いていいのか、と悩みながらギリギリのラインで闘いながら書くのが作家」とは定義してみたものの、「では、どこがギリギリのラインなのか」ときかれてもはっきり答えることはできない。

ただ私は、そのラインを見誤ることで作家であることに失敗した人を、これまで何度か見たことがある。

まずは、「事実をあまりに簡単に書きすぎてしまう人」だ。

ある友人が、知人の作家とのつき合いを振り返って、こんな話をしてくれたことがあった。

「彼、小説の新人賞で最終候補まで残って、それが単行本にもなり、作家として順調なスタートを切ることができた、と思ったんでしょうね。たしかに自分の子ども時代のトラウマを赤裸々《せきらら》につづって新人賞候補になった作品は、読みごたえも十分だった。

でも、〝事実をそのまま書くのがよい作品〟と思い込んだみたいで、それから雑誌なんかに発表される作品は、誰が見ても現実にモデルがいる暴露話《ばくろ》のようなものばかり。いくら私小説だからと言われても、あそこまで事実が書かれちゃね……。そのうち私も、彼と会うと、話したこと、やったことすべてが書かれちゃうんじゃないか、と警戒するようになって、だんだん距離を置くようになったの」

結局、彼の小説は読者からの支持も得られなくなり、二、三冊の単行本が出たあとで、その世界からは消えていったそうである。

おそらく彼の場合、「これは書いてはいけないだろう、いや、作品のためにはどうしても書かなければ……」とラインを見きわめるための闘いもなく、「おっ、これは面白そうだ」と思うネタをそのまま文字にし、それに〝小説〟というラベルを貼っただけで世に送り出そうとしたのだろう。そして、それは暴露話としてはそれなりに興味深くても、結局、読者の心を強く揺り動かすことはできなかった、というわけだ。

それから、逆のパターンも目にしたことがある。それは、小説という名目で単なるウソや突拍子《とっぴょうし》もない願望をどんどん書きつづり、自分自身がそこに呑《の》みこまれてしまう、という例だ。

ある女性は、一般に公開していたブログが編集者の目に止まり、「これにちょっと味つけをして本にしませんか」と声をかけられた。物書きとしてデビューする絶好のチャンス、と喜んだ彼女だが、ブログには実在の人たちも大勢、出てくるので、それがそのままノンフィクションとして出版されると顰蹙《ひんしゅく》も買いそうだ、と思った。編集者に相談すると、「じゃ、いっそのこと、小説っぽくしちゃってはどうでしょう。そのかわり、もっとドラマチックなエピソードも織り込みましょうよ。ケータイ小説みたいにダイナミックに物語が展開するといいですね」とアドバイスされた。

「それなら」と引き受けた彼女は、編集者のアドバイスに従って、すでにある素材に似たようなエピソードをつけ加えたり、登場人物のキャラクターを誇張させたりと、より〝小説〟っぽくなるように素材に手を加え始めた。ところが、ちょっと話を膨らませるくらいでは、とても編集者が言うような「ケータイ小説みたいな展開」にはならない。

「どうしようかな」と考えた結果、彼女はもともとは自分であったはずの物語の語り手を、「国際的に活躍するミュージシャン」という設定にしてみた。そうすれば、海外でのドラマチックな恋愛、セレブとの交友などを自在に書くことができる、と思ったのだ。

彼女の計画は途中までは成功し、編集者も「これはいい、なんだかワクワクするような話になってきましたね」と喜んでくれた。

ところが、自分が有名ミュージシャンとなって、会いたい相手と会ったり、行きたいところに行ったり、という話を書いているうちに、彼女は現実生活で自分が職場の同僚や友人たちからこれまで通りに扱われることに我慢できなくなってきた。

「私をなんだと思っているの?」「物語の中ではみんな敬語を使ってくれるのに」と憎しみの気持ちさえ生まれてきて職場や家でもイライラを隠しきれなくなり、周囲との関係はどんどん険悪になっていったという。そして、そのたびに彼女は物語の中の自分の〝セレブ度〟をさらにアップさせ、自家用飛行機を乗り回してパリやニューヨークに買い物に出かけたり、大惨事からひとりだけ生き残ったり、といった荒唐無稽なエピソードをどんどん膨らませていったのだ。

編集者が、「あの……さすがにこれは、読んでいる人も誰もノンフィクションとは思わないでしょうし、小説としてもちょっと……」と言い出した頃には、彼女の人格はすっかり超有名ミュージシャンになりきってしまっていた。そして、出版に難色を示す編集者を罵倒し、頻繁にパニック発作を起こすようになったのだ。

彼女もまた、フィクションというラインを踏み越えるときに、「ギリギリのライン」を見きわめる闘いを経ることなく、「なんでもよいから面白いことを」と書いてしまい、結局はそれによって自らの心を傷つけてしまったわけだ。

このように、作家としてそれなりのものを書き、かつ自分自身の心の安定度を一定に保つためには、やはり「書くこととの闘い」を引き受ける相当の覚悟が必要なようだ。

小説家タイプ・評論家タイプ

となると、プロの書き手ではない人にとっては、小説家の書き方はまったく参考にならない〝遠い世界〟のできごとなのだろうか。

それもまた違う、と思う。

先ほども書いたように、「これだけはどうしても書きたい。書かずにはいられない」という欲望は、誰の中にもひそんでいる。だから小説は人々の共感を呼び、小説家という生き方にあこがれる人はいつの時代にも大勢いるのだ。

ただ、誰もが小説家のように「たとえ書くことが自分を痛めつけ、マイナスになろうとも書く！」「誰からどう思われても、これだけは書かずにはいられない！」と書くわけではない。私のように、そんな書き方は自分にはまったく向いていない、という人もいるだろう。「何かを書いてみようかな」と思う人は、まず自分が「小説家タイプ」なのか、「評論家タイプ」なのかを考えて、それに合わせた書き方を工夫してみる必要があるのではないか。

では、自分がどちらのタイプなのかを知るためにはどうすればよいのか。よくわからない、という人は、次の簡単なチェックテストで判定してみよう。次の八つの項目のうち、あてはまるものにマルをつけてほしい。

1. 自分には悪意はなかったのに、これまで手紙やメールを送った相手から「傷ついた」と言われたことがある。
2. 学校時代の文集を親に見られるのは困る。
3. 小学生や中学生がやっている交換日記には、結局、本当のことは書かれていないと思う。
4. 「もし自分が○○時代に生まれたら」など、別の人生をよく想像する。

5. 電化製品の取り扱い説明書はあまり読んだことがない。
6. 何気なく目にした俳句や短歌に感動して、涙がこぼれそうになったことがある。
7. 書く用事がなさそうなときも、ペンとメモ帳は必ず携帯している。
8. 本やマンガを途中や最後から読むことがよくある。

マルの数が四つ以下の人は、ほとばしる感情よりも、わかりやすさや順序にこだわって書く評論家タイプと考えられる。五つ以上の人は、理性よりパッションで書く小説家タイプといえる。

では、自分のタイプがわかったところで、それぞれのタイプやこれまで書いた経験に合った「書き方」を少し考えてみることにしよう。

①評論家タイプでまだ書き始めていない人

実は、この人たちにぴったりの入門書が出版されている。『週末作家入門 まず「仕事」を書いてみよう』(廣川州伸、講談社現代新書、二〇〇五)だ。著者の読者へのメッセージを紹介しよう。

今、みんな元気がありません。

理由はいろいろありますが、何よりもまず「ものづくり」をしなくなったということがあります。

ものをつくる、とくに「ものを書く」という行為は、実は脳の活性化にも大いに役立ちますし、何よりも、とっても楽しく、充実した時間をすごすことができるんです。

もし、みなさんに「仕事」をした経験があるなら、ぜひそれを書いてみてください。あなたが、日々の暮らしで苦労が絶えないなら、ぜひ、それを書いてみてください。そう、日々の苦労を逆手にとって、ちゃっかり「作家」を目指しましょう。(中略)今日からみなさんも、週末に作家気分ですごしてみませんか?


「作家入門」というタイトルからは小説家を目指す人のための本のようにも思えるが、自分の経験や体験に基づいたエッセイを書くための入門書になっている。

このような入門書を手がかりに、まずは自分の経験をどう整理していけば〝ものを書く材料〟になるのかを学ぶ、というのもひとつの方法だ。

しかし中には、「仕事について書いてみよう、と言われても、ふつうに会社員をやっているだけだし……。日々の仕事のことを書いてもただのグチで終わりそう」とためらってしまう人もいるだろう。

そういう人におすすめなのは、ちょっと言葉はよくないのだが「**パクリ法**」である。とりあえず印刷され、世に出回っている「プロの文章」をそのまま使わせてもらうのだ。とはいえ、ただなぞるだけでは面白くないので、一部を加工して自分の文章にしてしまおう。

パクらせてもらう元の文章は、あまり入念に選ぶ必要はない。近くにある雑誌、広報誌などを手に取ってぱっと開き、目に入った文章がいちばんよい。

たとえば今、私の手もとにある出版社の広報誌をぱっと開いてみると、そのページには「シャドウピアノのすすめ」という文章が載っている。どうやら連載コラムのようだ。シャドウピアノとはいったい何なのか、まったくわからないのだが、それは気にする必要がない。冒頭の文章は、次のようになっている。

私は趣味でピアノを弾くのだが、楽器には練習がつきもので、鍵盤を触っていないと何となく不安になる。まして一曲仕上げようとするとかなり大変で、どんなに短い曲でも、身体が覚えていないとまず弾けない。結局練習するほかないのだけれど、これがなかなかうまくいかないのだ。

ここを読んで、「えー、私はピアノなんてまったく関心がないから、これをパクるなんて無理」と思うのは早急にすぎる。これは、この文章のオリジナルの形をなるべく変えないまま、自分仕様の話にしてしまう、というゲームなのだ。

「趣味はペット」という私の場合であれば、次のように変えてみるのはどうだろう。

私は趣味で犬やネコをたくさん飼っているのだが、犬の飼育には散歩がつきもので、二、三日サボると犬も一定のリズムで長距離を走れなくなってしまう。まして公園のドッグランで走らせてみようかと思うとかなり大変で、どんなに簡単なコースに出す場合でも、それなりにトレーニングをさせていないとまず走れない。結局、日々の散歩で練習するほかないのだけれど、これがなかなかうまくいかないのだ。

もちろん、この文章をこのままどこかに発表すると著作権の問題に抵触してしまうことになるが、あくまで自分のための文章トレーニングであれば、この程度のパクリは許されるのではないだろうか。

②評論家タイプ、経験あり

マルが四つ以下、評論家タイプだったが、先のパクリ法までは必要ない、これまでちょっとした文章は書いたことがある、という人はどうすればよいか。

この人たちは、**とにかく一定のペースで日々、一定の時間、書くことを続けるべき**だろう。すでに詳しく述べた通り、とくに評論家タイプの場合、「興《きょう》が乗ったから何時間でも書き続ける」というやり方はあまりおすすめできない。自分のために書く場合は、とくにゴールをきちんと決めておくべきだ。

ゴールの決め方は、「**分量で決める方法**」と「**時間で決める方法**」とふたつの種類がある。つまり、「四〇〇字詰め原稿用紙四枚だけ書く」と決めるか、「四十五分だけ書く」と決めるか、ということだ。

文章を書くことが書き手にもたらすいちばんの効果は、そのあいだは日常とは違う時間や意識の流れを体験できることだと私は考えている。どんなに書きなれた文章の達人でも、書いているときには目の前の文章以外のことを考えられないだろう。

これが「話すこと」になると、状況はやや異なってくる。人は、ちょっとした訓練を積めば、「話しながら別のことを考えること」もできるようになるのだ。

私はときどきテレビの情報番組のコメンテーター役をつとめるのだが、司会の人たちはいつも話しながら、残り時間やディレクターの指示を気にしている。たとえば、明るい話題を取り上げ、「……というわけで、本当におめでたいことですよね。ではCM」と話が終わってCMが始まった瞬間に、ディレクターに「ちょっと今の映像はよくなかったね、あの場合、もっとこういうアングルでさ……」と話しかけるキャスターもいる。つまり彼は、笑顔で話しながらも、頭の中では「この映像はおかしいな」などと別のことを考えていたわけだ。達人ワザにも見えるが、私も授業中に、口で話していることとは別のことを頭でぼんやりと考えている場合があることに最近、気づいた。

ところが、書くとなるとそうはいかない。書く作業は考えながら手を動かすわけだから、その上、さらに別のことを頭で考えるというのはかなりむずかしい。おそらくほとんどの人は、書いているあいだは目の前の文章と手の動きに集中しているだろう。**現実の中にはいろ**

いろと厄介な問題が山積みでも、文章を書いている三十分なり四十五分なりは、別の思考や意識の流れが頭の中に生まれ、それに身をまかせていることができる。これは、ほかの行為ではなかなか得られない貴重な時間だと思う。日常のストレスからの解放という効果もあるはずだ。

しかし、その時間が三時間、四時間となると、またそれじたいがストレスになる。書く行為そのものは楽しくても、目も腕も疲れてくるし、携帯電話が鳴ったりメールが来たり、と書き手を現実に引き戻そうとする動きも目立ってくるだろう。その動きと闘いながらなんとかして書き続ける、というのも個人の楽しみのレベルを超えている。

非日常的な意識や思考の流れは、「ああ、終わった」とゴールを駆け抜ける瞬間があってこそ、いっそうその効果がアップするのだ。書き慣れている人は、つい「もうちょっとがんばってみるか」と長時間、パソコンや原稿用紙に向かいがちだが、ぜひ強制的に終了するポイントを自分で設定してほしい。

③小説家タイプ、経験なし

丸が五つ以上の人は、空想力や想像力が豊かで、評論家タイプよりも小説家タイプと言えるかもしれない。ただ、先にも述べたように、いくら小説だからといっても、適当なウソや荒唐無稽な作り話を書けばよい、というわけではない。

そういった〝書きすぎ〟は、自分のためにならないどころか、心のとめ金をはずしてしまって、かえって心の不安定を引き起こすことにもなりかねない。

では、経験のない人が「ウソではない小説」を書くには、どうすればよいのか。

それにはまず、**「型にはまった小説」から始めるべき**だ。この場合、「型」とは、たとえば日本の昔話によくあるような「正直爺さんと意地悪爺さん」が出てくる物語の構造を指すのだが、もっと本格的に勉強したい人には、ジョゼフ・キャンベルの『千の顔をもつ英雄』（人文書院、一九八四）をおすすめする。

この本は、あのジョージ・ルーカスを感動させ、「スター・ウォーズ」の構想のヒントになった一冊としても有名だ。著者のキャンベルは、古今東西の神話や民話を調べ上げ、そこに共通する物語の構造を抽出している。

単純化すると、あらゆる物語の主人公は「英雄」の要素を持っており、その英雄が次の三つの構造に従って行動するのが物語の基本、ということになる。

(1)「セパレーション」（分離・旅立ち）→(2)「イニシエーション」（通過儀礼）→(3)「リタ

ーン」（帰還）。
松岡正剛の『千夜千冊』ではこの三つの要素がさらにわかりやすく説明されているので、引用してみよう。

英雄はまず、(1)日常世界から危険を冒してまでも、人為の遠く及ばぬ超自然的な領域に出掛けるのである。ついで(2)その出掛けた領域で超人的な力に遭遇し、あれこれの変転はあるものの、最後は決定的な勝利を収める。そして(3)英雄はかれに従う者たちに恩恵を授ける力をえて、この不思議な冒険から帰還する。

小説を書いたことはないけれど、どうやら小説家タイプらしい、という人は、まずこの三つの要素に沿って物語を作ってみてはどうだろう。

④小説家タイプ、経験あり

すでに文章を書いた経験があり、マルが五つ以上の小説家タイプの人には、あえて小説以外の文章を書くことをおすすめしたい。

繰り返すが、小説は文章の中でもかなり危険な部類に属するものだ。とくに少し書きなれた人は、ついもっと面白くしよう、盛り上げよう、として、知らないあいだに心のとめ金をはずすことになりかねない。いったんそうなってしまうと、「もっとすごいことを書きたい」という欲望はとどまるところを知らなくなり、気づいたときには自分で作り上げた虚構と現実との区別がつかなくなる、という事態が起きることも考えられる。

小説家タイプの人は、その想像力を存分に使って、より味のあるルポやエッセイを書くことができるはずだ。これまでのエッセイにひと工夫こらした文章を書いてみて、それを今度は誰かに読ませてみる、という〝読者のいる文章〟にまずはチャレンジすることをおすすめする。

「読者のいる文章」というと今の時代、誰もがネットで公開するブログを連想するかもしれないが、いきなりブログに行くのはこれまたちょっと危険だ。なぜなら、ブログは不特定多数の人が見るという気楽さと「もしかしたらものすごくたくさんの読者がウォッチしているかも」「世界中からアクセスしているのでは」といった空想から、内容がどんどん刺激的なものになりがちな傾向があるからだ。とくにサービス精神が旺盛な人ほど、昨日より今日はよりエキサイティングなことを書かなければ、とがんばりすぎてしまう。

そうすると、最初は事実だけを記す日記だったはずが、いつのまにかホラ話や作り話のオンパレード、ということにもなりかねない。

それを防ぐためにも、「読者のいる文章」の第一歩は、ノートに書いたものを家族や友人に見てもらう、あるいはせいぜい会社や学校の文集に書く、といった範囲にとどめるべきだ。あくまで**「顔の見える読者」に向けて書く、ということが、よい意味で文章にハリを与え、同時に心のとめ金がはずれないように守ってくれる働きをする。**

ブログで不特定多数の人に向けて日記を書いたり、自分の想像力を生かして本格的な小説にチャレンジしたりするのは、それからでも遅くないはずだ。

エピローグ　すぐれた文章は実用的

谷崎潤一郎といえば、言うまでもなく日本を代表する作家だ。『春琴抄《しゅんきんしょう》』『細雪《ささめゆき》』などを読んだことがない人でも、「その作風は情緒的、耽美《たんび》的、官能的」と高校の国語の授業で習ったことは知っているのではないだろうか。

そのまさに〝文章の達人〟ともいえる谷崎が、一九三四年に『文章読本』という本を書いている。本人自ら「なるべく多くの人々に読んでもらう目的で、通俗を旨として書いた」と言っているように、一般の人向けに文章上達法を説いたものだ。

谷崎のように耽美的な文章を書く秘密がわかるのだろうか、と期待して読むと、ちょっと拍子抜けする。そこには、こんなことが書かれているからだ。

最も実用的なものが、最もすぐれた文章であります。

谷崎によると、「文章に実用的と藝術的との区別はない」。そして、「文章の要は何かと云えば、自分の心の中にあること、自分の云いたいと思うことを、出来るだけその通りに、かつ明瞭に伝えることにある」。

うーん、あの芸術的な文章の書き手が言うこととは思えない……と首をかしげながらさらに先を読むと、こんなことも書かれている。

　分らせるように書くと云う一事で、文章の役目は手一杯なのであります。

どうせすべてを表現する、書きつくす、ということはできないのだから、まずは言いたいことをきちんと言うことにエネルギーを使ってみなさい、ということなのだろう。最初から「人に感動を与えよう」と目論《もくろ》んで、特別な表現を使う必要はないのだ。まして、「ブログのアクセス数を上げよう」とネタを仕込んだりウソを書いたりするのは、人のためにも自分のためにもならない。

では、誰にわからせるために書くか、ということだが、**この本の中では「まずは自分にわからせよう」ということを目的にしてきた**。自分が読んでわからない文章は、まず人にわかってもらえる可能性はないからだ。あるいは、最初から人にわからせることだけを目的として書かれるビジネス文書、記録のためのカルテの文章もけっこう使えますよ、という話もした。

しかし、放っておくと私たちはどうしても「かっこいい表現にしたい」「読む人がうーんと唸るような内容を書きたい」と思いすぎてしまうので、それを防ぐために写経のように一定のスピードを保ってサクサク書く、という方法を提案してみた。

考えすぎず、表現に凝ったりせず、自分で決めた分量を目指して、とにかく前へ前へ、と書いていく。まずは、読者は自分だけでオーケー。

そんなふうに文章を書いて所定の分量をクリアしたら、そのときはきっと、三キロくらいのレースを走り終えてゴールに飛び込んだときのような爽快感や達成感を味わうことができるだろう。ゴチャゴチャしていた心や頭も、すっきり整理ができているのではないだろうか。

さらに、写経のように書かれた文章は、自分だけではなくほかの読み手にも、すんなりと気持ちを伝えてくれるはずだ。また、一定のスピードで読めるので、読み手の心まですっきり落ち着かせる、という思わぬ効果を与えることもある。

「すごい、こんな文章、読んだことない！……でも、何が書かれているのか、書き手は何を言いたいのかは、さっぱりわからない……」という文章は、谷崎の言う「実用的」という基本的な役割はまったく果たしていない。それは、もはや文章ではなくてシュールな絵画と同じである。

何か書きたい。でも、何を書いてよいか、わからない。作家のように気のきいたことも書けない。それに、読んだ人に笑われないか、自信もない。

実は、そういう人がもっとも「文章を書くこと」に向いている。「文章を書くこと？ああ、とても好きだし、けっこう得意ですよ」と自信満々な人の書くことは、たいていひとりよがりで他者には理解不能か、読むと心や頭がごちゃごちゃしてきて、かえって不穏《ふおん》な気分になる、ということが多いものだ。

自分のために書く文章。人に何かを伝えるために書く文章。どちらも基本は同じで、とにかくシンプルに実用的に、あまりこだわらずにサラサラと気持ちの表面をなぞるように書く。そうすれば、自分の心もすっきり整理でき、言いたいことも人に伝わり、文章はまさにその効能を最大限に発揮できるはずだ。

さあ、きっとあなたもペンを取り、あるいはパソコンを開いて、何か書きたくなってきたはず。豊かで楽しい文章の世界は、すぐそこであなたを待っている。

おわりに

私は音楽やスポーツなど、ほかに得意なことがなかったからとりあえず文章を書いている、と「はじめに」で書いたが、だからこそ「もし文章も書いていなかったら」と考えて、ときどきぞっとすることがある。

締め切りに追い立てられ、内容の充実よりも規定の分量をクリアすることを優先して、必死にパソコンのキーを叩き、とにかくなんとか最後の一文までたどり着く。文章を推敲《すいこう》する時間なども残っていないので、事実関係などについてはあとで「ゲラ」と呼ばれる印刷前の校正刷りの段階でチェックすることにして、メールにファイルを添付《てんぷ》して「一刻も早く」と待っている編集者に送信。

その一瞬は、本当にほっとする。

もちろん、すぐに「もっと練った内容にすべきだった」「資料だって不十分だったし」といった後悔が襲ってくるのだが、それよりも「ああ、なんとか最後まで書けた。よかった」という安堵《あんど》の気持ちのほうがずっと大きい。

仮にも原稿料をいただいて文章を書いている人間の言うことではない、とはわかっているのだが、そういうときはつくづく、「書くことの意味って、少なくとも書き手にとっては、中身よりも最後まで書き終えることにあるのだな」と思う。

この本では、徹底的に「書く側にとって役に立つ文章術、とくに書く側の〝心に効く〟文章術」について考えてみた。写経のように書く、カルテのように書く、ビジネス文書を使って書く、などいろいろな方法を紹介したが、書く側にとってセラピー効果がある文章というのは、読む側にもすんなり伝わり、その心を落ち着かせる文章である、という結論に達した気がする。

まあ、むずかしいことを考える必要はないし、妙なテクニックや厳しい修練も必要ない、ということだ。

そんな言い方をしながら矛盾しているようだが、この本じたいはサクサクとは書けず、ミシマ社の三島邦弘さんにもいつもながら迷惑をかけてしまった。「やっぱり文章術なんて書けない」と途中で挫折しかかったこともあったが、ミシマ社のロゴマークとそっくりの笑顔を絶やさない三島さんの「ここまで、ものすごく面白いですよ！　もう少しですよ！」という激励に再びその気になり、結局、最後まで書くことができた。三島さんには心から感謝している。

写経のように心を無にしてサラサラと書き、書き上げた爽快感とともに自分の書いたものを読み返すと、こんな言葉が口をついて出てくるはずだ。

「おっ、なかなかいいこと、書いてるじゃないの」

そうそう、けっこういいことを書けるんです、あなたも私もあの人も。たくさん書いて、いい気分になって、たまには書いたものを人にも見せる。これからもお互い、そんな文章ライフをエンジョイしていきましょう！

香山リカ

二〇〇九年二月

香山リカ（かやま・りか）

1960年札幌市生まれ。東京医科大学卒業。精神科医。学生時代より雑誌等に寄稿。その後も臨床経験を生かして、現代人の心の問題ほか、政治・社会批評、文化批評、サブカルチャー批評など幅広いジャンルで活躍している。仕事のストレス解消は本を書くこと、だと言う。

著書に『ポケットは80年代がいっぱい』（バジリコ）、『親子という病』（講談社現代新書）、『「私はうつ」と言いたがる人たち』（PHP新書）、『セックスがこわい』（筑摩書房）、『イヌネコにしか心を開けない人たち』（幻冬舎新書）、『頭がよくなる立体思考法』（ミシマ社）など多数。

装幀　寄藤文平＋鈴木千佳子

文章は写経のように書くのがいい

二〇〇九年三月十二日　初版第一刷発行

著　者　香山リカ

発行者　三島邦弘

発行所　株式会社ミシマ社

郵便番号　一五二-〇〇三五

東京都目黒区自由が丘二-六-一三

電　話　〇三（三七二四）五六一六

ＦＡＸ　〇三（三七二四）五六一八

e-mail hatena@mishimasha.com

URL　http://www.mishimasha.com/

振替　〇〇一六〇-一-三七二九七六

印刷・製本　（株）シナノ

組版　（有）アトリエゼロ

ISBN978-4-903908-12-0